Mes

FICHES COLLÈGE 3e

CYCLE 4

Français

Nora Nadifi

Éric Sala

Hatier

Édition : Luce Camus
Maquette de principe : Studio Favre & Lhaïk
Mise en pages : Indologic
Illustrations : Dorothée Jost

 ISBN 978-2-218-99783-9

SOMMAIRE

Coche la case quand tu as révisé la fiche ou la partie ☑

CHECK LIST

LECTURE ET EXPRESSION

GRAMMAIRE

CONJUGAISON ET ORTHOGRAPHE

LISTE DES MÉTHODES

Les méthodes figurent au verso des fiches dans la rubrique METTRE EN PRATIQUE

LANGAGE ORAL

LECTURE ET COMPRÉHENSION DE L'ÉCRIT ET DE L'IMAGE

ÉCRITURE

▷ ÉTUDE DE LA LANGUE

Maîtriser le sens, la structure et l'orthographe des mots

Maîtriser l'orthographe du verbe

Comprendre le fonctionnement de la phrase

Interpréter un récit

1

Un récit raconte une histoire mettant en scène des personnages. Son écriture manifeste des choix de la part de l'auteur, qu'il faut savoir interpréter.

L'ESSENTIEL

Lis l'extrait du *Corps de mon père* de Michel Onfray reproduit dans la fiche 59.

1 Comprendre la chronologie des actions

▶ Un récit est souvent écrit au passé, parfois au présent. **Observer les temps verbaux** permet de situer les actions dans le temps, passé ou présent, et les unes par rapport aux autres.

▶ Dans un **récit autobiographique**, les temps du passé renvoient à l'époque des faits racontés, et le présent, à l'époque où le narrateur écrit.

Michel Onfray emploie le passé simple (« sourit », « posa »…) et l'imparfait (« trahissait ») pour rapporter des faits passés ; il utilise le présent pour faire référence au moment de l'écriture (« je vois », « je sais », « n'a plus »…).

2 Analyser les personnages

▶ Au fil du récit, les personnages acquièrent une sorte d'existence : leurs actions, leurs paroles, les éléments de portrait, les retours en arrière sur leur passé te permettent de te les représenter et d'en définir les **caractéristiques clés**.

▶ Il arrive que **le narrateur** soit l'un des personnages de l'histoire : l'histoire est alors racontée de son point de vue, subjectif* (**point de vue interne**).

Le Corps de mon père est un récit autobiographique : l'auteur, le narrateur et le personnage principal ne font qu'un. La narrateur s'exprime à la première personne du singulier et fait part de ses sensations (« Je sentis son poids… ») et de ses réflexions (« Parfois, je me dis… »).

UN SCHÉMA POUR RETENIR

récit autobiographique →
- auteur = narrateur = personnage principal
- point de vue interne (1re personne du singulier)
- • temps du passé (faits racontés)
  • présent d'énonciation (moment de l'écriture)

METTRE EN PRATIQUE

Étudier l'incipit d'un récit

« L'incipit est le début d'un texte. »

LA MÉTHODE

Pose-toi les questions suivantes.

1. Qui raconte ? À quelle personne ? À quel temps ?
2. Quand l'action se déroule-t-elle ? Où ?
3. Quels personnages sont évoqués ? Qu'en est-il dit ?
4. Que puis-je en déduire pour la suite du récit ?

L'EXEMPLE COMMENTÉ

Voici le début du récit de Michel Onfray, *Le Corps de mon père*. Analysons-le en suivant les étapes de la méthode ci-dessus.

> D'abord, l'odeur grimpait l'escalier, et c'est elle qui me réveillait dans mon lit : le café noir, cuit et recuit aux odeurs de caramel brûlé pour la raison qu'il chauffait en permanence sur la fonte de la cuisinière à bois. Mon père nourrissait le fourneau avec des rondins et des bûchettes qu'il fendait dans la cave.

1. L'expression « Mon père » signale que le narrateur est le fils de celui dont il va raconter la vie. Le récit, conduit à la 1re personne (point de vue interne), démarre à l'imparfait.
2. L'action se déroule le matin, dans la maison du narrateur enfant.
3. Seule apparaît la figure du père qui fait chauffer son café le matin.
4. Il s'agit d'un récit autobiographique dans lequel le père du narrateur va jouer un rôle central.

À TON TOUR !

Lis le texte suivant et montre qu'il est extrait du récit autobiographique d'un homme appartenant à un milieu modeste.

> Dans cette cuisine, nous vivions en permanence : pour les petits déjeuners, les déjeuners et les soupers, les bains pris dans une bassine métallique, les leçons et les devoirs, les fêtes et le tout-venant, les jours de bonheur et ceux de la tristesse, les étés chauds et les hivers glacés, les nuits d'insomnie et les journées banales. Moins de vingt mètres carrés pour une existence à quatre.
>
> ■ Michel Onfray, *Le Corps de mon père*, 2009, © Éditions Hatier.

Analyse ce qui est dit de la cuisine.

CORRIGÉ p.137 D'AUTRES EXERCICES : fiches 7 et 8

Étudier une pièce de théâtre

2

Dans une pièce de théâtre, les personnages – à la différence de ceux d'un roman – sont destinés à être interprétés par des acteurs, sur une scène.

L'ESSENTIEL

1 Comment se présente un texte de théâtre ?

▶ Le texte d'une pièce de théâtre se présente comme une succession de **dialogues**. C'est à travers ces dialogues que les personnages sont décrits, que l'action progresse.

▶ Parce que la pièce est **destinée à être jouée**, les dialogues sont accompagnés d'indications de mise en scène, les didascalies. Celles-ci comprennent :
- les noms des personnages devant les répliques ;
- des précisions, en italique, sur le décor, les gestes, le ton des personnages.

> HARPAGON, *tâtant le bas des hauts-de-chausses de La Flèche.* – Ces grands hauts-de-chausses sont propres à devenir les recéleurs des choses qu'on dérobe et je voudrais qu'on en eût fait pendre quelqu'un.
> LA FLÈCHE, *à part.* – Ah ! qu'un homme comme cela mériterait bien ce qu'il craint ! Et que j'aurais de joie à le voler !
> ■ Molière, *L'Avare*, 1668, acte I, scène 3.

2 Du théâtre classique au théâtre contemporain

▶ À l'époque de Molière, les pièces sont classées par genre. On oppose ainsi la comédie à la tragédie (voir « Un schéma pour retenir »).

▶ Depuis le drame romantique et surtout depuis le théâtre de l'absurde, les **frontières entre les genres** sont devenues **beaucoup plus floues** : ainsi, dans une pièce contemporaine, une scène, tout en suscitant le rire, peut dénoncer l'absurdité de la condition humaine.

UN SCHÉMA POUR RETENIR
La comédie et la tragédie à l'époque classique

	La comédie	La tragédie
L'histoire	Conflit de la vie ordinaire qui se résout par un mariage	Conflit insoluble et à l'origine de terribles malheurs
Les personnages principaux	D'origine sociale modeste (petite noblesse, bourgeoisie)	D'origine sociale élevée
L'effet	Suscite le rire, souvent avec une visée critique (registre satirique)	Suscite la frayeur, l'admiration ou la pitié.

METTRE EN PRATIQUE

Interpréter une représentation théâtrale

LA MÉTHODE

1. Observe le décor, le physique et les costumes des personnages.
2. Analyse le jeu des personnages.
3. Interprète les choix du metteur en scène : quelles sont ses intentions ? Quel message veut-il transmettre ?

L'EXEMPLE COMMENTÉ

Observons cette photo d'une mise en scène récente de l'*Antigone* d'Anouilh.

Jean Anouilh, *Antigone*, mise en scène de Marc Paquien, Comédie-Française, 2014.

1. Le décor et les costumes sont contemporains. Antigone, frêle, a une allure juvénile ; Créon, une silhouette imposante.
2. Antigone est toute vibrante de colère, Créon tente de l'immobiliser.
3. Le metteur en scène insiste sur l'opposition entre la jeune fille, vivante et libre, et son oncle, figé par le pouvoir.

À TON TOUR !

Sur YouTube, tu peux visionner une autre mise en scène de l'*Antigone* d'Anouilh, celle de Nicolas Briançon (2003).
Demande-toi pourquoi Créon, son page et ses gardes sont habillés avec des costumes évoquant le régime nazi.

Reporte-toi à la fiche 60 pour avoir plus d'informations sur le mythe d'Antigone et la pièce d'Anouilh.

CORRIGÉ p.137 D'AUTRES EXERCICES : fiches 7 et 8

Reconnaître et analyser un poème 3

La poésie peut prendre des formes très différentes ; mais tous les poèmes ont en commun un usage particulier du langage qui suscite l'émotion.

L'ESSENTIEL

1 Reconnaître un poème

▶ Dans la **poésie classique**, un poème se reconnaît au premier coup d'œil par sa disposition dans la page : les phrases sont découpées en vers ; les vers sont organisés le plus souvent en strophes.

▶ Les vers comptent un nombre précis de syllabes. Ils se caractérisent aussi par la disposition des rimes : plates (AABB), croisées (ABAB) ou embrassées (ABBA).

> J'écris dans ce pays que le sang défigure (A)
> Qui n'est plus qu'un monceau de douleurs et de plaies (B)
> Une halle à tous vents que la grêle inaugure (A)
> Une ruine où la mort s'exerce aux osselets (B)
>
> ■ Aragon, *Le Musée Grévin*, VII, « J'écris dans un pays dévasté par la peste », vers 17 à 20, 1943, © Le Temps des cerises.
>
> [Ce quatrain est en alexandrins, avec des rimes croisées.]

▶ S'affranchissant de ces règles, la **poésie moderne** se rapproche de la prose. Cependant la musicalité du langage, des images inattendues créent une émotion particulière, propre à chaque poème.

2 Trouver le thème d'un poème

▶ La **poésie lyrique** exprime les sentiments du poète sur des thèmes comme l'amour, la nature, la mort ou le temps qui passe.

▶ La **poésie engagée**, quant à elle, dénonce les horreurs de la guerre, la souffrance des innocents, la révolte contre les tyrans.

▶ Le thème d'un poème est identifiable au travers des **champs lexicaux** utilisés : dans le poème d'Aragon, ceux de la souffrance et de la dégradation. Le poète déplore la guerre qui a frappé son pays, et son cortège de destructions et de morts.

UN SCHÉMA POUR RETENIR

la poésie →
- un usage particulier du langage
- l'expression d'une vision neuve du monde
- un genre qui stimule l'imagination et suscite des émotions

METTRE EN PRATIQUE

Caractériser un poème

LA MÉTHODE

1. Lis le poème à haute voix : quelle impression te laisse-t-il ?
2. Analyse la forme (régulière ou non ?).
3. Définis le thème principal.
4. Propose une interprétation, en t'appuyant précisément sur le texte.

L'EXEMPLE COMMENTÉ

Chloé doit caractériser la première strophe du poème « Demain ».

> Demain
> Âgé de cent mille ans, j'aurais encor la force
> De t'attendre, ô demain pressenti par l'espoir.
> Le temps, vieillard souffrant de multiples entorses,
> Peut gémir : Le matin est neuf, neuf est le soir. [...]
>
> ■ Robert Desnos, in *Destinée arbitraire*, © Éditions Gallimard, 1975.

2. Le poème est de forme régulière (en alexandrins, avec des rimes croisées).

3. Le poète s'adresse à « demain » qu'il personnifie. Le thème de cette strophe est l'espoir. Le poète est prêt à attendre indéfiniment des jours meilleurs (« âgé de cent mille ans »).

[Chloé s'appuie sur la forme pour parler du contenu ; l'un et l'autre sont liés.]

À TON TOUR !

Lis les deux strophes suivantes du poème et réponds aux questions.

> [...] Mais depuis trop de mois nous vivons à la veille,
> Nous veillons, nous gardons la lumière et le feu,
> Nous parlons à voix basse et nous tendons l'oreille
> À maint bruit vite éteint et perdu comme au jeu.
>
> Or, du fond de la nuit, nous témoignons encor
> De la splendeur du jour et de tous ses présents.
> Si nous ne dormons pas c'est pour guetter l'aurore
> Qui prouvera qu'enfin nous vivons au présent.

1. Dans quel contexte ce poème a-t-il été écrit ?

2. Quel thème développe-t-il ?

Reporte-toi à l'exemple commenté pour connaître la date à laquelle le poème a été écrit.

CORRIGÉ p.137   D'AUTRES EXERCICES : fiches 7 et 8

Étudier une argumentation

4

Certains textes (ou discours) sont écrits pour défendre une idée, faire adhérer à un point de vue : ce sont des textes argumentatifs.

L'ESSENTIEL

1 Qu'est-ce qu'un texte argumentatif ?

▶ Le texte argumentatif cherche à convaincre de la validité d'une idée, la **thèse***, à travers l'exposé organisé d'**arguments*** étayés par des **exemples** (faits tirés de l'expérience, données scientifiques…).

▶ Il porte les marques de la **subjectivité du locuteur**, qui défend son point de vue. En cela, il se distingue du texte explicatif, qui se veut objectif*.

▶ Les discours, les éditoriaux* dans la presse, les essais* relèvent du genre argumentatif. Un roman, une pièce de théâtre ou un poème peuvent également avoir une visée argumentative.

Ainsi, dans son court roman *Le Dernier Jour d'un condamné*, Victor Hugo dénonce la peine de mort.

2 L'écriture de l'argumentation

▶ Un texte argumentatif utilise un **vocabulaire précis** et obéit à une **construction rigoureuse**. Des connecteurs logiques (*en effet*, *c'est pourquoi*, *pour finir*…) ordonnent en général les arguments et soulignent la progression de la réflexion.

▶ L'efficacité des propos est renforcée par divers **procédés stylistiques** : apostrophe au lecteur, phrases exclamatives ou interrogatives (questions rhétoriques), figures de style, etc.

UN SCHÉMA POUR RETENIR

caractéristiques d'un texte argumentatif →

- structure :
  - thèse
  - arguments [+ exemples]
- procédés :
  - organisation logique (connecteurs)
  - vocabulaire précis
  - figures de style
- visée : convaincre et persuader

METTRE EN PRATIQUE

Identifier la thèse, les arguments, les exemples

La méthode

1. Identifie la thèse : quelle idée le texte défend-il ?
2. Repère les arguments : quels propos montrent la validité de cette idée ?
3. Distingue les exemples : quels faits viennent confirmer les arguments ?

L'exemple commenté

Le cochon Sage l'Ancien s'adresse aux animaux de la ferme. Cherchons la thèse, les arguments et les exemples.

> « L'Homme est la seule créature qui consomme sans produire [argument 1]. Il ne donne pas de lait, il ne pond pas d'œufs, il est trop débile pour pousser la charrue, bien trop lent pour attraper un lapin. Pourtant le voici le suzerain de tous les animaux. Il distribue les tâches entre eux, mais ne leur donne en retour que la maigre pitance qui les maintient en vie. Puis il garde pour lui le surplus. [...] Tous les maux de notre vie sont dus à l'Homme, notre tyran [argument 2]. Débarrassons-nous de l'Homme [thèse], et nôtre sera le fruit de notre travail. »
>
> ■ George Orwell, *La Ferme des animaux*, 1945, © Éditions Gallimard.

1. Sage l'Ancien veut inciter les animaux à se révolter contre leur maître : « Débarrassons-nous de l'Homme ». C'est l'idée principale, la thèse.
2. Il a deux arguments principaux : l'Homme vit en parasite (1) et il se comporte en « tyran » envers les animaux (2).
3. Il donne des exemples : l'Homme « ne donne pas de lait, ne pond pas d'œufs » (arg. 1). Il ne donne aux animaux qu'une « maigre pitance » (arg. 2).

À TON TOUR !

Lis la suite du discours de Sage l'Ancien puis réponds aux questions.

> « Quelle est donc, camarades, la nature de notre existence ? Regardons les choses en face : nous avons une vie de labeur, une vie de misère, une vie trop brève. Une fois au monde, il nous est tout juste donné de quoi survivre, et ceux d'entre nous qui ont la force voulue sont astreints au travail jusqu'à ce qu'ils rendent l'âme. Et dans l'instant que nous cessons d'être utiles, voici qu'on nous égorge avec une cruauté inqualifiable. »
>
> ■ George Orwell, *La Ferme des animaux*, *op. cit.*

1. Surligne la thèse et reformule-la.
2. Souligne trois arguments en faveur de cette thèse.

La thèse est présentée au début du texte.

CORRIGÉ p.137 D'AUTRES EXERCICES : fiches 7 et 8

Analyser une séquence filmique

5

Quand tu analyses une séquence de film, tu dois prendre en compte les procédés visuels et sonores employés pour raconter l'histoire.

L'ESSENTIEL

1 Qu'est-ce qu'une séquence ?

▶ Au cinéma, un **plan** correspond à la portion de film impressionnée par la caméra entre le début et la fin d'une prise. Une **séquence** est un ensemble de plans formant une unité narrative.

> La séquence du début du film *Le Dictateur*, de Charlie Chaplin, se déroule durant la Première Guerre mondiale : un combattant juif de l'armée de Tomania sauve un officier nommé Schultz. Tout le reste du film se situe vingt ans plus tard alors qu'Adenoid Hynkel est devenu dictateur de Tomania.

▶ Une séquence formée d'un seul plan est appelée **plan-séquence**.

▶ Une séquence ordinaire comporte des sauts dans le temps (**ellipses* temporelles**).

> Dans *Le Dictateur*, la période qui va de la fin de Première Guerre mondiale à l'arrivée au pouvoir d'Hynkel est résumée à travers une succession de plans fixes montrant les gros titres des journaux.

2 Les différentes composantes d'un plan

Un plan se définit par les éléments visuels montrés, mais également par les composantes suivantes :

- **l'échelle**, c'est-à-dire la place de la caméra par rapport à l'objet filmé (elle est éloignée dans un plan général, très proche dans un gros plan) ;
- **l'angle de prise de vue** (vue frontale ou latérale ; plongée ou contre-plongée*) ;
- la fixité ou le **mouvement** de la caméra (travelling* avant, arrière…) ;
- les éléments de la **bande-son** (dialogues, bruits, musique) et les relations entre sons et images (sons in / off / hors champ*).

UN SCHÉMA POUR RETENIR

séquence →
- unité narrative de base du film
- ensemble de plans
- travail de montage

METTRE EN PRATIQUE

Décrire une scène de film

La méthode

Dans une scène, le temps du film équivaut au temps réel.
Voici quatre questions clés pour interroger une scène de film.

1. Que se passe-t-il ?
2. Que montrent précisément les plans ? Quels procédés de cadrage (échelle, angle de prise de vue, mouvements de la caméra) sont utilisés ?
3. Quels sont les éléments de la bande-son ?
4. Quel effet produit la scène ainsi montée ?

L'exemple commenté

La scène du globe est l'une des plus célèbres du *Dictateur*. Après l'avoir visionnée (par exemple sur YouTube), décrivons-la.

Charlie Chaplin, *Le Dictateur*, 1940.

1. Seul dans son bureau, Hynkel s'imagine qu'il devient le maître du monde. Il se met à jouer et à danser avec un globe terrestre, en forme de ballon.
2. Les plans sont cadrés sur le dictateur ou sur le globe, avec des mouvements de travelling lents comme dans un rêve. Dans le plan final, le ballon explose, le mégalomane pleure.
3. C'est la musique qui domine la bande-son : le son mélodieux des violons accompagne la « danse », jusqu'aux coups de timbales qui brisent l'enchantement.
4. La scène est franchement comique : le dictateur est ridicule et ridiculisé.

→ PLUS D'INFOS : rabat de couverture avant

À TON TOUR !

Regarde la scène du discours qui clôt *Le Dictateur* (de préférence en vo). Distingue les plans et montre comment l'action progresse d'un plan à l'autre.

On peut distinguer trois plans ; le premier montre le barbier, en gros plan, démarrant son discours avec une certaine timidité.

CORRIGÉ p. 137 D'AUTRES EXERCICES : fiches 7 et 8

Faire une recherche documentaire 6

Pour acquérir ou approfondir ses connaissances sur un sujet donné, Il est indispensable de savoir faire une recherche documentaire.

L'ESSENTIEL

1 Se documenter

▶ Tout d'abord, définis bien les **limites de ta recherche**.

Soit le sujet « Les poètes de la Résistance » : tu dois limiter ta recherche aux poètes français qui se sont engagés pendant la Seconde Guerre mondiale contre la guerre et l'Occupation.

▶ Cherche ensuite des **sources de documentation variées** : dictionnaires, encyclopédies, ouvrages et sites documentaires. Croiser différentes sources permet de repérer les informations essentielles.

▶ La **prise de notes** intervient pendant la lecture des textes et documents trouvés. Elle t'oblige à trier les informations.

2 Présenter les résultats de sa recherche

▶ Classe les informations et organise-les selon un **plan** clair et cohérent.

Voici un exemple de plan sur le sujet « Les poètes de la Résistance ».
I. Leur but : dénoncer la guerre et l'Occupation
II. Desnos, Éluard, Aragon et d'autres encore
III. Les poèmes qui m'ont le plus touché(e) et pourquoi

▶ Rédige ton **compte rendu** en suivant le plan et en reformulant tes notes sous forme de phrases complètes.

▶ Pense à ajouter des **illustrations** : photos, schémas, cartes, sans oublier de citer leurs références (titre, auteur/source, date).

▶ Si tu dois réaliser un diaporama en vue d'une présentation orale, reporte-toi à la fiche 13.

UN SCHÉMA POUR RETENIR

Les 4 étapes clés de la recherche documentaire

1. Analyser le sujet ...... 2. Se documenter (prise de notes) ...... 3. Élaborer le plan ...... 4. Mettre en forme

METTRE EN PRATIQUE

Utiliser un moteur de recherche

LA MÉTHODE

1. Choisis des mots clés adaptés.
2. Fais le tri parmi les résultats : méfie-toi des sites commerciaux et des blogs, choisis de préférence les sites institutionnels et les encyclopédies en ligne (mais ne te limite pas à Wikipédia).
3. D'autres mots clés émergent au cours de ta recherche : cherche-les séparément pour affiner ta compréhension des notions importantes.

L'EXEMPLE COMMENTÉ

Pour préparer un exposé sur les poètes de la Résistance, Yacine fait une recherche sur Internet.

1. Il tape « poètes + Résistance » dans la barre de recherche.

poètes + résistance

2. En tête de la liste des résultats, le site « Poètes en résistance » semble fiable puisqu'il émane du réseau Canopé (site de l'Éducation nationale).

Poètes en résistance - Réseau Canopé
https://www.reseau-canope.fr/**poetes**-en-**resistance**/accueil/
Accueil. La Seconde Guerre mondiale et les années d'occupation ont provoqué de nombreuses réactions chez les écrivains. Afin de témoigner, d'inciter à la ...

3. Au fil de sa lecture, Yacine ouvre d'autres onglets de recherche pour en savoir plus sur les notions importantes, par exemple « Résistance » ou « poésie engagée ».

À TON TOUR !

En classe, dans le groupe chargé de l'exposé sur les poètes de la Résistance, tu es responsable des recherches sur Paul Éluard.

1. Quels mots clés utilises-tu pour effectuer cette recherche ?
2. Cite une page qui te paraît intéressante.

Pour tester la fiabilité d'un site, vérifie qu'il contient une rubrique intitulée « À propos » où sont présentés ses créateurs.

CORRIGÉ p.138 D'AUTRES EXERCICES : fiches 7 et 8

Quiz express

Vérifie que tu as bien retenu les points clés des **fiches 1 à 6**

7

Réponds à chacun des quiz, puis résous l'énigme.

Lire des textes et documents variés

1 Dans le cas d'un récit autobiographique

Fiche 1

Qu'est-ce qui définit une autobiographie ?

- ☐ **1.** Le récit est écrit à la 1re personne du singulier.
- ☐ **2.** Le narrateur est l'un des personnages de l'histoire.
- ☐ **3.** L'auteur du livre raconte l'histoire de sa vie.

2 Les caractéristiques d'un texte théâtral

Fiche 2

Complète le descriptif ci-dessous avec les mots qui conviennent.

- Le texte théâtral se présente comme une succession de d............................ entre les différents personnages. Ces dialogues sont destinés à être joués. C'est pourquoi ils sont accompagnés d'indications de mise en scène appelées d....................................... .
- Le texte d'une pièce est découpé en un ou plusieurs a..............., qui regroupe(nt) plusieurs s.................... . Chacune d'entre elles fait progresser l'i................................. jusqu'au d....................................... .

3 Que peut-on dire d'un poème ?

Fiche 3

Vrai ou faux ? Coche la bonne réponse.

	Vrai	Faux
1. Dans tous les poèmes, les phases sont découpées en vers et les vers, organisés en strophes.	☐	☐
2. Un poème se reconnaît à un usage particulier du langage qui n'est pas seulement utilisé pour transmettre un message.	☐	☐
3. Un poème en prose se distingue d'un texte non poétique par la musicalité du langage, l'emploi d'images inattendues.	☐	☐

4 Argument ou exemple ?

Fiche 4

Soit le sujet « Quels sont les avantages de la lecture ? ».
Distingue ci-dessous les arguments (A) des exemples (E).

	A	E
1. La lecture de romans permet de sortir de notre univers quotidien, de sentir et réfléchir autrement.	☐	☐
2. Quand je lis un roman de Fred Vargas, je m'identifie au commissaire Adamsberg dont j'apprécie l'intuition et la bienveillance.	☐	☐
3. On peut désormais lire un livre sur une tablette.	☐	☐
4. Lire est une activité qui peut se pratiquer en tous lieux, sur divers supports.	☐	☐

5 Moteur. Ça tourne !

Fiche 5

Relie ces termes de cinéma à leur définition.

1. séquence •	• portion de film correspondant à une prise
2. plan •	• assemblage des plans après le tournage
3. montage •	• ensemble de plans formant une unité narrative
4. bande-son •	• sons associés aux images d'un film

6 Organiser une recherche documentaire

Fiche 6

Remets dans l'ordre les étapes d'une recherche documentaire. Classe-les de 1 à 6.

...... prendre des notes
...... élaborer un plan
...... chercher des sources d'information
...... rédiger
...... lire les documents
...... définir le sujet

ÉNIGME

- **Mon premier** peut désigner l'espèce humaine.
- **Mon deuxième** est une conjonction de coordination négative.
- **Mon troisième** est le participe présent du verbe *scier*.
- **Mon tout** caractérise un narrateur qui sait tout.

omniscient (homme – ni – sciant)

Reporte-toi aux corrigés p.138 et calcule ton score.

Score : .../24

Contrôle continu 8

À l'aide de ces exercices, prépare tes contrôles portant sur les **fiches 1 à 6**

Lire des textes et documents variés

exercice 1 Analyser un extrait de roman (10 mn)

Lis le début de la nouvelle ci-dessous puis réponds aux questions.

> Après avoir longtemps juré qu'il ne se marierait jamais, Jacques Bourdillère avait soudain changé d'avis. Cela était arrivé brusquement, un été, aux bains de mer.
>
> Guy de Maupassant, « L'Enfant », 1882.

1. Complète le tableau ci-dessous.

Où ?	Quand ?	Qui ?	Quoi ? (thème)
....	....	....	....

2. Selon toi, que va raconter la suite de la nouvelle ?

....

exercice 2 Comprendre les enjeux d'un dialogue théâtral (10 mn)

Lis l'extrait ci-dessous puis analyse les rapports entre les deux personnages.

Aide-toi des didascalies.

> ISMÈNE, *a un élan soudain vers elle*. Ma petite soeur...
> ANTIGONE. Tu penses que la douleur et la peur de mourir, c'est assez ?
> ISMÈNE, *baissant la tête*. Oui.
> ANTIGONE. Sers-toi de ces prétextes.
> ISMÈNE, *se jette contre elle*. Antigone ! Je t'en supplie ! C'est bon pour les hommes de croire aux idées et de mourir pour elles. Toi tu es une fille.
> ANTIGONE, *les dents serrées*. Une fille, oui. Ai-je assez pleuré d'être une fille !
>
> Jean Anouilh, *Antigone*, © Éditions de La Table ronde, 1946.

....

....

....

exercice

3 Reconnaître un poème

15 mn

Lis l'extrait ci-dessous puis explique, au brouillon, quels éléments t'ont permis de reconnaître un poème.

Observe la forme du poème et analyse comment le thème de l'automne est traité.

Les sanglots longs
Des violons
De l'automne
Blessent mon cœur
D'une langueur
Monotone.

■ Paul Verlaine, « Chanson d'automne », *Poèmes Saturniens*, 1866.

exercice

4 Exploiter des sources documentaires

10 mn

Soit le sujet de recherche : « Le mythe d'Antigone ». Résume en une phrase l'apport de chaque document.

Doc. 1. Antigone est une tragédie grecque de Sophocle dont la date de création se situe en 441 av. J.-C. Elle appartient au cycle des pièces thébaines, avec *Œdipe roi* et *Œdipe à Colone*, décrivant le sort tragique d'Œdipe et de ses descendants. Dans l'économie du cycle, Antigone est la dernière pièce, mais elle a été écrite avant les autres.

■ Introduction à l'article « *Antigone* (Sophocle) » de Wikipédia.

Doc. 2. Dans la mythologie grecque, Antigone est la fille d'Œdipe, roi de Thèbes, et de la reine Jocaste. Elle est ainsi la soeur d'Étéocle, de Polynice et d'Ismène. Son oncle Créon, frère de Jocaste, est également le père de son fiancé, Hémon.

■ Introduction à l'article « Antigone, fille d'Œdipe » de Wikipédia.

Doc. 1 : ....

Doc. 2 : ....

Reporte-toi aux corrigés p. 138-139 et évalue-toi.

Bilan

	J'ai réussi		*Fiche à revoir*
Exercice **1**	❑ oui 🙂	❑ non ☹	Fiche 1
Exercice **2**	❑ oui 🙂	❑ non ☹	Fiche 2
Exercice **3**	❑ oui 🙂	❑ non ☹	Fiche 3
Exercice **4**	❑ oui 🙂	❑ non ☹	Fiche 4

Construire un récit

9

Un récit est la narration d'une histoire, fictive ou réelle. Pour qu'il soit intéressant, il faut qu'il soit bien construit.

L'ESSENTIEL

1 Choisir les éléments constitutifs du récit

▶ Définis le **cadre spatiotemporel** du récit, les **personnages** et l'**intrigue**.

▶ Choisis le **point de vue** selon lequel l'histoire est racontée : celui d'un personnage (interne) ou celui d'un narrateur extérieur (omniscient ou externe). Le récit s'écrira soit à la 1re, soit à la 3e personne du singulier.

> J'ai horreur des exposés [...] je préfèrerais m'évanouir là, tout de suite, foudroyée, je tomberais raide de ma petite hauteur, les Converse en éventail, les bras en croix, monsieur Marin écrirait à la craie sur le tableau : ci-gît Lou Bertignac, meilleure élève de la classe, asociale et muette.
>
> ■ Delphine de Vigan, *No et moi*, 2007, © Éditions J.-C. Lattès.
>
> [Dans cet incipit, le point de vue est interne. Le personnage-narrateur est Lou Bertignac, une jeune lycéenne douée et sensible.]

2 Raconter les événements

▶ Imagine des **péripéties** pour faire progresser l'action vers le dénouement* et varie le rythme de ton récit en racontant en temps réel (scène) ou en faisant des ellipses*.

▶ Insère des **passages descriptifs**, par exemple lorsque tu introduis un nouveau personnage ou un nouveau lieu.

▶ **Donne la parole** à tes personnages : le niveau de langue et le type de phrases employés révèlent leur caractère et leurs intentions. Le dialogue permet également de dramatiser une scène.

UN SCHÉMA POUR RETENIR

1. Déterminer les éléments de l'histoire :
   - époque(s) et lieu(x)
   - personnages
   - intrigue

2. Choisir le point de vue (interne, externe ou omniscient) : qui raconte l'histoire ?

3. Utiliser les modalités du récit :
   - narration
   - description
   - dialogue

METTRE EN PRATIQUE

Préparer au brouillon l'écriture d'un récit

La méthode

1. Analyse la consigne : quel type de texte dois-tu rédiger ? quel point de vue faut-il adopter ? quelles sont les éventuelles contraintes à respecter ?
2. Utilise le schéma narratif : situation initiale, événement perturbateur, péripéties, dénouement et situation finale.
3. Si tu dois rédiger la suite d'un récit, respectes la logique de celui-ci.

L'exemple commenté

Théo doit traiter un sujet d'invention : voici une partie de son travail au brouillon.

1. Théo analyse le sujet :

« Un jeune homme raconte comment son addiction aux jeux vidéo a gâché son adolescence. »

- récit à la 1re personne (Un jeune homme raconte)
- thème contemporain : le récit se situera autour des années 2000 (addiction aux jeux vidéo)
- cadre temporel (adolescence)
- temps du passé reliés au présent d'énonciation (passé composé, imparfait, plus-que-parfait) (a gâché)

2. Il utilise le schéma narratif pour trouver des idées et les organiser.

1. **Situation initiale** : le narrateur raconte la vie qu'il menait avant de commencer à jouer.
2. **Élément perturbateur** : un ami lui parle d'un jeu en ligne.
3. **Péripéties** : il passe de plus en plus de temps en ligne, se dispute fréquemment avec ses parents, renonce à sortir avec ses amis pour jouer davantage, néglige son travail scolaire, dort de moins en moins.
4. **Dénouement** : il prend conscience du problème et se désinscrit du jeu.
5. **Situation finale** : le narrateur a mis fin à son addiction, mais il a perdu ses amis.

À TON TOUR !

a. Au brouillon, analyse le sujet suivant en encadrant les mots clés.

Tu feuillettes un album de photographies de ton enfance. L'une d'elles te rappelle un souvenir particulièrement précieux. Raconte comment ce souvenir surgit et la scène qu'il te fait revivre.

b. Élabore en cinq phrases le synopsis de ton récit.

Choisis les différents éléments clés de ton récit : personnes présentes, lieu, époque, sentiments associés à ce souvenir....

CORRIGÉ p.139   D'AUTRES EXERCICES : fiches 16 et 17

Argumenter sur un thème

10

Être capable de défendre un point de vue est indispensable dans de nombreuses situations. On fait alors la preuve de son esprit critique et de ses capacités à réfléchir et à argumenter.

L'ESSENTIEL

1 Distinguer thème, problématique et thèse

▶ Le **thème** est le sujet sur lequel on donne son avis, on argumente.

■ Les nouvelles technologies.

▶ Il suscite une interrogation, la **problématique** (sujet de réflexion).

■ Les nouvelles technologies rendent-elles les hommes plus heureux ?

▶ Celle-ci ouvre à son tour un débat entre deux idées opposées : l'opinion que tu vas défendre constitue la **thèse** ; l'opinion inverse est l'**antithèse**.

Thèse : les nouvelles technologies rendent les hommes plus heureux.
Antithèse : les nouvelles technologies ne rendent pas les hommes plus heureux.

Toute problématique appelle une réponse nuancée, prenant en compte à la fois la thèse et l'antithèse.

2 Organiser son argumentation

▶ En **introduction**, définis le thème, rappelle la problématique et annonce la thèse que tu comptes défendre.

▶ Structure ton **développement** en plusieurs paragraphes, reliés par des connecteurs logiques. Un paragraphe correspond à un argument*, illustré par un ou plusieurs exemples. Commence par développer des arguments en faveur de l'antithèse, avant d'aborder ceux qui justifient ta thèse, et qui te semblent donc plus forts.

▶ En **conclusion**, réponds à la problématique en reprenant et en confrontant la thèse et l'antithèse : c'est ce que l'on appelle la synthèse.

UN SCHÉMA POUR RETENIR

Argumenter sur un thème

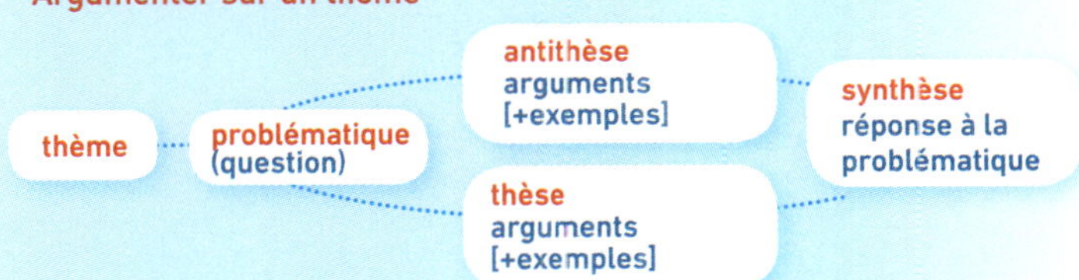

METTRE EN PRATIQUE

Traiter un sujet de réflexion

LA MÉTHODE

1. Identifie le thème et note au brouillon tout ce qu'il t'évoque.
2. Détermine la thèse que tu veux défendre, puis trace deux colonnes et inscris à gauche ta thèse, à droite ton antithèse.
3. Formule des arguments et répartis-les dans chaque colonne.
4. Trouve au moins un ou deux exemples pour illustrer chaque argument.

L'EXEMPLE COMMENTÉ

Voici un extrait du brouillon de Valentine sur le sujet : « Les nouvelles technologies rendent-elles les hommes plus heureux ? ».

1. Valentine identifie le thème et note tout ce qu'il lui évoque.

> *Les nouvelles technologies* : téléphone, GPS, internet, scanner médical… Pratiques au quotidien / Facilitent la vie / Difficile de s'en passer, dépendance / Science, progrès, médecine / Communication à distance mais moins de communication directe.

2 à 4. Elle choisit sa thèse, puis organise ses idées et obtient ce tableau.

Thèse : les nouvelles technologies rendent les hommes plus heureux	Antithèse
• Elles simplifient notre quotidien (ex. : téléphone, GPS, Internet). • Elles facilitent la communication (ex. : Skype). • Elles accélèrent le progrès (ex. : dans les pays en développement).	• Elles peuvent provoquer un repli sur soi (ex. : écouter de la musique ou jouer sur son smartphone plutôt que de discuter). • Elles peuvent nous rendre dépendants (ex. : quotidien difficile lorsque l'on est momentanément privé de téléphone).

À TON TOUR !

Un professeur de français propose à ses élèves le sujet de débat suivant : « Les réseaux sociaux permettent-ils aux adolescents de s'épanouir ? » La plupart des élèves pensent qu'ils le permettent.

1. Trouve deux arguments en faveur de leur thèse.

2. Trouve deux arguments en faveur de l'antithèse.

Note que l'antithèse n'est pas forcément la réponse négative à la problématique : c'est simplement le point de vue opposé à la thèse.

CORRIGÉ p. 139
D'AUTRES EXERCICES : fiches 16 et 17

Réaliser une interview

11

L'interview est une situation de communication directe, lors de laquelle un ou des interlocuteur(s) pose(nt) des questions à un personnage célèbre ou inconnu pour le faire découvrir à un public.

L'ESSENTIEL

1 Préparer l'interview

▶ L'interview d'un personnage célèbre permet d'en apprendre davantage sur sa vie, sa personnalité, sa carrière, etc. Tu peux également être amené à interviewer un proche ou un professionnel inconnu du grand public : ce sera l'occasion d'obtenir des informations sur son parcours et son quotidien.

▶ Avant l'interview, **renseigne-toi bien** sur la personne à interroger. Détermine quels sont les aspects de sa vie sur lesquels tu souhaites avoir des précisions ou des explications.

2 Réaliser l'interview

▶ Rédige des **questions ouvertes** qui invitent l'interviewé à donner une réponse développée. Certaines réponses peuvent faire naître de nouvelles questions que l'on n'avait pas anticipées.

▶ Il est préférable d'enregistrer ton interview, voire de la filmer, pour ne pas avoir besoin de prendre des notes durant l'échange. Lorsque tu rédiges un compte rendu, **pense à présenter la personne interviewée** en tenant compte du public visé.

> Nous nous entretenons aujourd'hui avec un scientifique de renommée internationale, dont les récents travaux font avancer la recherche sur les cellules souches. [Le ton est sérieux et convient au statut de la personne interviewée et à la nature de son travail.]
>
> Tu l'as découvert dans *Soda*, il est maintenant sur scène avec Gad Elmaleh : Kev Adams nous livre en exclusivité les secrets de son incroyable *success story* ! [L'interview s'adresse ici à des adolescents : le tutoiement et un ton léger sont permis.]

UN SCHÉMA POUR RETENIR

1. Se renseigner sur la personne à interviewer (sa vie, sa carrière, ses réalisations)
→ Qui est cette personne ?

2. Déterminer quels sont les aspects les plus intéressants
→ Qu'ai-je envie de savoir sur cette personne ?

3. Formuler des questions ouvertes pour permettre à la personne de développer ses réponses
→ *Que pensez-vous de... ?*

METTRE EN PRATIQUE

Faire le compte rendu d'une interview à l'aide d'un enregistrement

LA MÉTHODE

1. Réécoute l'intégralité de l'interview en prenant des notes.
2. Rédige le compte rendu à la manière d'un journaliste, en décrivant le contexte de l'interview et en faisant part de tes impressions.
3. Reformule fidèlement les idées importantes de l'interviewé et intègre des citations exactes issues de l'enregistrement.

L'EXEMPLE COMMENTÉ

Les élèves de 3e 5 ont assisté à une représentation d'*Antigone*, de Jean Anouilh. Après le spectacle, ils ont rencontré le metteur en scène. Voici le début du compte rendu d'Anaïs.

Anaïs doit préciser de qui elle parle.

Ce mardi 18 novembre, nous, les élèves de 3e 5, sommes allés voir *Antigone* au théâtre. À l'issue de la représentation, nous avons eu la chance de rencontrer le metteur en scène, Marcel Pasquier.

Éviter le « je », sauf pour donner son avis.

Rester au passé composé.

Au début, nous étions tous intimidés et personne n'osait poser la première question. Marcel Pasquier, pour détendre l'atmosphère, nous a gentiment demandé si ça nous avait plu. La discussion était lancée. Nous lui avons posé de nombreuses questions, auxquelles il a toujours répondu avec précision et humour. ~~Je ne sais plus qui~~ L'un de nous l'a interrogé sur les raisons pour lesquelles il appréciait cette pièce, et il nous a expliqué que le personnage d'Antigone le touchait particulièrement. « Elle me rappelle mon adolescence », nous ~~confia-t-il~~ a-t-il confié. [...]

Anaïs décrit l'atmosphère de l'entretien et l'attitude de l'interviewé. Elle cite ses propos entre guillemets.

À TON TOUR !

Lis la biographie de Tardi sur le site de la maison d'édition Casterman. Copie et colle dans un fichier Word les cinq premières phrases.
Souligne dans chaque phrase une information intéressante et formule cinq questions à poser à l'auteur qui te permettraient d'en savoir plus.

Pour trouver rapidement la biographie en question, tape « Casterman auteur tardi » dans Google et choisis le premier lien proposé.

CORRIGÉ p.139   D'AUTRES EXERCICES : fiches 16 et 17

Prendre des notes à partir d'un oral ou d'un écrit

12

Prendre des notes est un savoir-faire qui permet de retenir l'essentiel d'un propos ou d'un texte. Cela s'avérera indispensable dans tes études, voire dans ton parcours professionnel.

L'ESSENTIEL

1 Qu'est-ce que prendre des notes ?

▶ C'est relever les idées essentielles d'un discours que l'on entend ou d'un texte que l'on lit : on en a ainsi une **version plus courte qui contient ce qu'il faut en retenir**.

Lorsque tu écoutes un exposé, note le plan de l'exposé, les noms propres, les dates, les idées et exemples essentiels.

▶ Il faut donc être attentif et concentré pour pouvoir comprendre le propos, identifier tout de suite ce qui est important et le noter au fur et à mesure sans perdre le fil.

2 Comment prendre des notes ?

▶ **Ne pas noter de phrases entières** : supprimer les déterminants, utiliser des abréviations et des signes.

« Arthur Rimbaud a composé son œuvre poétique en très peu de temps, entre 17 et 21 ans. Il reste cependant l'un des poètes les plus créatifs et les plus modernes de la deuxième moitié du xixe siècle. »
Arthur Rimbaud : œuvre poét. entre 17 et 21 ans. Un des + créatifs et mod. 2e moitié xixe.

[On ne garde que les informations essentielles et on remplace certains mots par des signes de ponctuation, des symboles ou des chiffres.]

▶ **Faire apparaître la logique du propos** par des titres numérotés et soulignés, passer à la ligne à chaque nouvelle idée, et utiliser des tirets pour les énumérations.

▶ Tu dois pouvoir relire tes notes et comprendre ce que tu as écrit, mais ne perds pas de temps à soigner la rédaction. L'essentiel est que les informations importantes ne t'échappent pas.

UN SCHÉMA POUR RETENIR

discours / texte écrit → écoute / lecture attentive → filtre de la compréhension → prise de notes (plan, idées, exemples essentiels)

METTRE EN PRATIQUE

Prendre des notes lors d'une recherche documentaire

La méthode

1. Ne cherche pas à tout noter : limite-toi à l'essentiel.
2. Utilise des abréviations et des symboles.
3. N'interromps pas ta lecture lorsque tu rencontres un mot inconnu : mets-le en valeur pour penser à chercher sa définition plus tard.

L'exemple commenté

Gabriel prépare un exposé sur Charlie Chaplin : il se rend sur Wikipédia et prend des notes sur l'introduction de l'article consacré à l'artiste.

1889-1977
acteur, réal., scénar., compositeur brit.
cinéma muet, pers. de Charlot
65 ans de carrière, 80 films
Famille pauvre. Repéré à 19 ans. 1er film 1914, mondialemt connu 1918
Fonde United Artists → contrôle de ses œuvres
Films : *Le Kid, La Ruée vers l'or, Les Tps mod., Le Dictateur*...
Refus du parlant. Années 40 = controverses (liaisons + communisme)
Comédies. Slapstick ? Pathos ? + thèmes sociaux, pol., autobiog.
Oscar d'honneur 1972

[Gabriel utilise des abréviations et des symboles. Il entoure les mots inconnus et les noms propres importants pour penser à se renseigner à la fin de sa lecture.]

À TON TOUR !

a. Rends-toi sur l'article consacré à George Orwell sur Wikipédia et prends des notes sur le paragraphe d'introduction.
b. Lis ensuite l'introduction de l'article de Vikidia sur le même auteur et compare-la avec ta prise de notes : que constates-tu ?

Vikidia est une version simplifiée de Wikipédia, qui s'adresse aux enfants de 8 à 13 ans.

CORRIGÉ p.140 D'AUTRES EXERCICES : fiches 16 et 17

Créer un diaporama

13

Un diaporama permet de présenter un exposé en l'illustrant d'images et de textes. Il est le plus souvent projeté à l'aide d'un vidéoprojecteur.

L'ESSENTIEL

1 Sélectionner les informations

▶ Le diaporama sert d'appui à ton exposé oral : il doit le compléter, et non le répéter. Il ne s'agit donc pas de reproduire l'intégralité de ton exposé mais d'utiliser les diapositives pour **donner des repères à ton auditoire**.

▶ Sélectionne les éléments que l'auditoire a besoin d'avoir sous les yeux :
- le **plan** de l'exposé ;
- des **dates** et des **mots-clés** résumant des événements importants ;
- des **images** qui illustrent le propos ;
- des **schémas** ou des graphiques qui appuient tes affirmations.

2 Réaliser le diaporama

▶ Avant de te lancer dans la réalisation, définis le plan de ton diaporama et détermine le contenu des différentes diapositives. Rassemble dans un même dossier tous les documents que tu comptes utiliser.

▶ Afin que tes diapositives soient lisibles par tous, ne les surcharge pas et adopte une **présentation aérée**. Utilise une police de texte sobre et des couleurs bien visibles.

[Voici un exemple de mauvaise diapositive : la police du titre est peu lisible et le texte est trop dense.]

▶ Alterne les types de documents pour ne pas lasser ton auditoire : limite la quantité de texte et intègre des images, des schémas, voire des extraits audio ou vidéo.

UN SCHÉMA POUR RETENIR

1. Identifier les informations clés de l'exposé → 2. Rassembler les documents d'appui → 3. Déterminer le plan du diaporama → 4. Réaliser des diapositives claires et lisibles

METTRE EN PRATIQUE

Créer des diapositives efficaces et agréables

LA MÉTHODE

1. Si tu ne possèdes pas de logiciel de création de diapositives (PowerPoint, Impress, KeyNote), rends-toi sur www.office.com et clique sur PowerPoint.
2. Choisis une présentation vierge ou l'un des modèles proposés.
3. Suis les instructions données pour ajouter du texte et des documents.
4. Fais un clic droit dans la barre de gauche pour créer une nouvelle diapositive.

L'EXEMPLE COMMENTÉ

Après avoir fait des recherches sur Charlie Chaplin en prenant des notes (→ FICHE 12), Gabriel réalise son diaporama.

1. Il intègre dans le modèle fourni tous les éléments qu'il a prévus pour cette diapositive.

2 . Il travaille la mise en forme pour obtenir un rendu agréable.

→ PLUS D'INFOS : rabat de couverture avant.

À TON TOUR !

Tu décides de faire une présentation orale de ton stage en entreprise en t'appuyant sur un diaporama de six diapositives.

1. Imagine les titres de tes six diapositives.

2. Quels types de visuels pourrais-tu utiliser ?

La première diapositive est la page de titre.

CORRIGÉ p.140 D'AUTRES EXERCICES : fiches 16 et 17

Faire un exposé oral

14

Faire un exposé oral consiste à rendre compte à voix haute d'une expérience, d'une recherche ou d'une lecture devant un auditoire.

L'ESSENTIEL

1 Construire un propos efficace, facile à restituer

▶ La base écrite de l'exposé doit être claire et compréhensible, et le contenu **compris et maîtrisé** dans son intégralité : tu dois être capable de répondre à des questions sur le sujet exposé et de définir les mots ou les notions difficiles.

▶ **Tu dois suivre un plan clair** qui permette à l'auditoire de tout comprendre : agencer les idées de façon cohérente et progressive, et signaler nettement le début d'une nouvelle partie.

2 Présenter son exposé avec conviction

▶ **Ne pas rédiger** l'exposé pour ne pas être tenté de le lire. Numéroter ses feuilles de notes et faire apparaître clairement les titres de parties pour ne pas se perdre.

▶ **Répéter à la maison** : lire l'exposé plusieurs fois, puis s'entraîner à le dire en jetant de temps en temps un coup d'œil à ses notes. Plus tu répètes, plus tu seras à l'aise le jour J. Ces répétitions te permettent aussi de vérifier que ton exposé respecte le temps imparti.

▶ Présenter l'exposé **de manière vivante**, en regardant le moins possible ses notes. Tu peux t'appuyer sur un support visuel (panneau, diaporama) ou écrire les éléments importants au tableau (plan, dates, noms propres) pour faciliter la compréhension de ton auditoire.

UN SCHÉMA POUR RETENIR

1. Écrire l'exposé sous forme de notes (plan et informations essentielles).
2. S'entraîner à dire l'exposé à voix haute à la maison en se chronométrant.
3. Le jour J, présenter l'exposé avec conviction, sans lire ses notes.

METTRE EN PRATIQUE

Retenir l'attention de son public

LA MÉTHODE

1. Respire calmement et détends-toi. Regarde un point au-dessus des têtes de tes camarades pour ne pas être déstabilisé(e) par leurs regards.
2. Parle d'une voix plus forte et plus lente que d'habitude, pour que tes auditeurs puissent suivre et prendre des notes.
3. « Mets le ton » : dis ton texte, ne le lis pas.

L'EXEMPLE COMMENTÉ

Gabriel s'apprête à présenter son exposé sur Chaplin devant toute la classe. Il respire tranquillement pendant qu'il installe la clé USB sur laquelle se trouve son diaporama (→ FICHE 13 ET RABATS)**. Lorsque tout est prêt, il se tourne vers son auditoire et se lance.**

« Je vais vous parler d'un artiste connu dans le monde entier. Comédien, réalisateur, compositeur, il est considéré comme un génie du cinéma.
Vous aurez reconnu son chapeau et sa moustache : il s'agit de Charlie Chaplin. [Gabriel marque une pause, le temps de passer à la diapositive suivante.]
Charlie Chaplin est né en 1889 à Londres, dans une famille pauvre... »

À TON TOUR !

a. Retranscris le texte suivant sous forme de notes.

L'apparition du cinéma parlant

En 1927, le septième art entre dans une nouvelle ère : celle du cinéma parlant. C'est le studio Warner Bros, au bord de la faillite, qui se lance le premier dans l'aventure avec *Le Chanteur de jazz* (*The Jazz Singer*), d'Alan Crosland. Le film ne contient que quelques séquences parlées et chantées, mais cela suffit à lui assurer un succès fulgurant. Dès lors, tous les producteurs veulent passer au parlant. Mais cette révolution marque également la fin de la carrière de nombreuses stars du muet, comme Gloria Swanson ou Buster Keaton, qui ne parviennent pas à effectuer la transition.

b. Entraîne-toi à l'oral en présentant ton texte, sans le lire, à tes parents ou à des amis.

N'apprends pas le texte par cœur mais reformule-le avec tes propres mots pour intéresser ton auditoire.

CORRIGÉ p.140   D'AUTRES EXERCICES : fiches 16 et 17

Rédiger un rapport de stage

15

Le stage en entreprise est un moment clé de l'année de troisième. Il s'agit d'un premier contact avec le monde du travail et de l'entreprise. Le rapport de stage est le bilan qui présente cette expérience personnelle en immersion.

L'ESSENTIEL

1 Quel doit être le contenu d'un rapport de stage ?

▶ **Présente l'entreprise** : son historique, son domaine d'activité (commerce, banque, artisanat…) et les services qu'elle propose, son organisation interne (organigramme), les métiers de ses employés et les formations qu'ils ont suivies.

▶ **Expose tes observations**, tes activités quotidiennes. Le journal de bord fourni par certains modèles de rapports de stage constitue une bonne base.

▶ **Fais le bilan** de ton expérience : c'est le moment de faire part des connaissances acquises, des réflexions suscitées au cours du stage. Indique si ton projet d'orientation s'en trouve confirmé ou infirmé et explique pourquoi.

2 Comment rédiger un rapport de stage ?

▶ Organise clairement les différentes parties et sous-parties du rapport, sans oublier de les présenter dans un **sommaire** qui en précise les numéros de pages.

▶ Adopte une présentation à la fois sobre et dynamique : titres nets, texte aéré et documents (organigramme, plaquette d'information, bon de commande, photographies…) insérés à des endroits pertinents.

▶ L'expression doit être simple et claire. Si nécessaire, tu peux fournir un **glossaire** des termes techniques à la fin de ton rapport. N'oublie pas de le relire afin de le corriger (orthographe, syntaxe, mise en page).

UN SCHÉMA POUR RETENIR

Durant le stage :
- journal de bord (observations jour après jour)
- interview d'un professionnel
- photos, collecte de documents et d'informations utiles

Dans le rapport de stage :
- présentation de l'entreprise
- présentation d'un métier particulier
- bilan de ton expérience

METTRE EN PRATIQUE

Organiser un rapport de stage

LA MÉTHODE

Adopte le plan suivant.

1. Introduction
2. Présentation de l'entreprise
3. Présentation d'un métier particulier
4. Déroulement du stage (journal de bord)
5. Remerciements et conclusion (bilan du stage)

L'EXEMPLE COMMENTÉ

Max a fait un stage dans une agence de voyage : voici le sommaire de son rapport.

Introduction	1
I. Présentation de l'entreprise	2
a. Historique de l'entreprise	2
b. Domaine d'activité et services	3
c. Organisation des services	5
II. Le métier de conseiller voyages	6
a. Présentation du métier	6
b. Interview	7
III. Mon journal de bord	9
Conclusion et remerciements	12

À TON TOUR !

Max, qui hésite entre les métiers de steward et d'agent commercial, a effectué un stage dans une agence de voyages. Remets dans l'ordre la conclusion de son rapport.

1. Néanmoins, j'ai pu découvrir le métier d'agent commercial et me renseigner sur la formation à suivre et les stages à faire pour exercer cette profession.
2. Je suis désormais sûr de vouloir travailler au sein d'une agence de voyages et je me sens confiant dans la réalisation de ce projet professionnel.
3. Je suis heureux d'avoir fait mon stage dans une agence de voyages.
4. Comme je n'ai pas pu découvrir le métier de steward, je ne me suis pas fait une idée plus précise de cette profession qui m'intéressait.

La première phrase de la conclusion fait le bilan de l'expérience.

CORRIGÉ p.140 D'AUTRES EXERCICES : fiches 16 et 17

Quiz express

Vérifie que tu as bien retenu les points clés des **fiches 9 à 15**

16

Réponds à chacun des quiz, puis résous l'énigme.

S'exprimer à l'oral et à l'écrit

1 Construire un récit

Fiche 9

Relie chaque étape à la scène correspondante.

1. apparition d'un personnage •	• récit rétrospectif
2. évocation du passé d'un personnage •	• description
3. rencontre de deux personnages •	• dialogue
4. péripétie •	• prolepse
5. évocation du futur •	• scène d'action

2 Construire une argumentation

Fiche 10

Entoure les connecteurs logiques qui structurent le raisonnement suivant.

La préservation des mers et des océans est vitale tout d'abord pour les écosystèmes qu'ils abritent. En effet, la pollution contamine et détruit de nombreuses espèces sous-marines. La sauvegarde de ces milieux est aussi vitale pour l'homme car il consomme du poisson. Or, de récentes études ont montré que le saumon et le thon sont contaminés par le mercure. Par conséquent, il est recommandé de ne pas en manger trop souvent.

3 Réaliser une interview

Fiche 11

Remets dans l'ordre ces questions adressées à Albert Camus.

1. …… Qu'est-ce qui vous a incité à écrire votre dernier ouvrage resté inachevé, *Le Premier Homme*, qui est autobiographique ?
2. …… Où êtes-vous né et dans quel milieu avez-vous grandi ?
3. …… Pourquoi avez-vous pris en 1943 la direction du journal *Combat* ?
4. …… Quelles études avez-vous faites ?
5. …… En quoi votre œuvre majeure, le roman *La Peste*, publié en 1947, est-elle une transposition de l'Occupation ?

4 Réaliser un diaporama

Fiche 13

Vrai ou faux ?

	Vrai	Faux
1. Le mot *diaporama* est dérivé du mot *diapositive*.	☐	☐
2. Un logiciel de traitement de texte suffit pour réaliser un diaporama.	☐	☐
3. On peut mettre à la fois du texte et de l'image sur une diapositive.	☐	☐
4. Un diaporama peut se substituer à un exposé oral.	☐	☐

5 Prendre des notes

Fiche 15

Coche la ou les affirmations correctes.

Lorsque tu prends des notes :

1. ☐ tu dois faire des phrases complètes ;

2. ☐ tu peux utiliser des abréviations et des symboles ;

3. ☐ tu ne dois oublier aucun détail.

6 Organiser son rapport de stage

Fiche 15

Remets ces éléments dans le bon ordre pour construire le plan d'un rapport de stage.

...... fonctionnement d'un service
...... sommaire
...... présentation de l'entreprise
...... journal de bord
...... glossaire
...... introduction (choix du stage)
...... bilan du stage
...... organigramme
...... projet d'orientation
...... présentation d'un métier

ÉNIGME

- Mon premier est une note de musique.
- Mon deuxième désigne un espace notamment dédié à des activités artisanales ou industrielles.
- Mon troisième ne dit pas la vérité.

Mon tout est une capacité intellectuelle indispensable pour argumenter.

Raisonnement (ré - zone - ment)

Reporte-toi aux corrigés p. 140-141 et calcule ton score.

Score : .../31

Contrôle continu

17

À l'aide de ces exercices, prépare tes contrôles portant sur les **fiches 9 à 15**

S'exprimer à l'écrit et à l'oral

exercice 1 Construire un récit (5 mn)

Réponds aux questions suivantes.

1. Quels éléments un début de récit doit-il comporter ?

....

2. Quels sont les deux rôles principaux du dialogue dans un récit ?

....

....

exercice 2 Trouver des exemples (10 mn)

Propose un exemple pour chacun des arguments suivants.

1. Pratiquer une activité sportive permet de faire des rencontres.

....

2. Faire du sport aide à rester en bonne santé.

....

3. Faire du sport incite à se dépasser.

....

exercice 3 Réaliser une interview (10 mn)

Rédige les questions correspondant aux réponses suivantes.

1. J'ai toujours aimé faire des photographies. Le déclic s'est produit lorsque mon père m'a offert un petit appareil jetable, quand j'avais cinq ans.

....

2. Après un baccalauréat littéraire, avec option arts plastiques, j'ai intégré l'école des Beaux-Arts. Mais, très vite, je me suis rendu compte que c'est la photographie qui m'attirait vraiment.

....

3. Même s'il m'arrive de réaliser des clichés avec un appareil numérique, la technique que je préfère reste l'argentique.

....

4. Je me suis essayé à toutes sortes de sujets. En ce moment, je travaille particulièrement l'expression du visage, saisie dans des situations quotidiennes, urbaines.

....

5. En ce moment, j'expose dans une galerie à Paris puis, cet été, je vais participer aux Rencontres d'Arles.

....

exercice **4**

Prendre des notes

15 mn

Lis le texte suivant et surligne les idées essentielles, puis transcris-les sous forme de notes.

> *Ravage* est un roman d'anticipation écrit par le romancier français René Barjavel et publié en 1943. Les premières pages de ce roman nous montrent, à travers le regard de son personnage principal, François Deschamps, un monde ultra-moderne où tout fonctionne à l'électricité et où les avancées technologiques permettent par exemple de circuler sans essence et très rapidement sur des routes appelées autostrades. La ville de Paris est dominée par quatre grandes cités pourvues d'une technologie avancée qui offre à leurs habitants un très grand confort. Les banlieues de la capitale ont été délaissées et se sont transformées en jungles.

....

....

....

....

....

....

Reporte-toi aux corrigés p. 141 et évalue-toi.

Bilan

	J'ai réussi		*Fiche à revoir*
Exercice **1**	❑ oui 🙂	❑ non ☹	Fiche 9
Exercice **2**	❑ oui 🙂	❑ non ☹	Fiche 10
Exercice **3**	❑ oui 🙂	❑ non ☹	Fiche 11
Exercice **4**	❑ oui 🙂	❑ non ☹	Fiche 12

Trouver le sens d'un mot

18

Lors de l'écoute ou de la lecture d'un texte, il nous arrive de rencontrer un mot inconnu ou employé dans un sens qui nous est peu familier. En l'absence de dictionnaire, c'est le contexte qui permet d'en déduire le sens.

L'ESSENTIEL

1 Distinguer les différents sens d'un mot

▶ La polysémie est le fait qu'un même mot possède plusieurs significations, qui constituent son champ sémantique. Le **sens propre** est le sens premier et concret du mot ; son **sens figuré** est un sens dérivé, souvent imagé ou abstrait. Ils sont indiqués dans le dictionnaire.

> SOULEVER, v. t. **1.** Lever à une faible hauteur. **2.** Susciter des sentiments ; déclencher. **3.** Pousser à la révolte. **4.** Provoquer la colère, l'hostilité. [...]
> ■ *Le Petit Larousse illustré 2005.*
>
> [Le sens 1 est le sens propre. Les sens 2, 3, 4 sont des sens figurés.]

▶ À ces sens objectifs et permanents (**dénotations**) peuvent s'ajouter des sens supplémentaires, selon ce que le mot évoque dans l'esprit de chacun : on parle de **connotations**.

> L'or est un métal jaune précieux [dénotation] ; il peut évoquer la richesse, le luxe, la rareté et l'immortalité [connotations].

2 Exploiter le contexte

▶ Le contexte peut nous aider à comprendre le sens d'un mot inconnu.

> Simon était [...] basané par le soleil qui moirait sa peau couverte de sueur.
> ■ William Golding, *Sa Majesté des Mouches*, 1954.
>
> [La mention du soleil nous fait entrevoir le sens des mots : « basané » est synonyme de « bruni, bronzé » ; le verbe « moirait » évoque l'action du soleil sur la peau moite : il la fait briller.]

▶ Il nous permet également de choisir entre les différents sens d'un mot.

> Heureux, il l'a soulevée dans ses bras. [au sens propre de *lever*]
> Ses propos ont soulevé un vif débat. [au sens figuré de *susciter*]

UN SCHÉMA POUR RETENIR

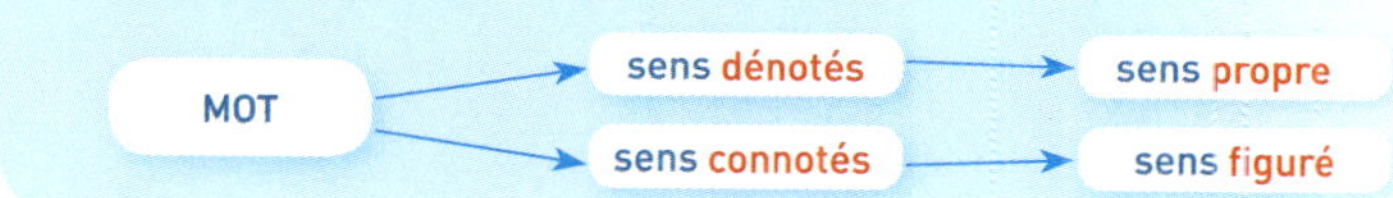

METTRE EN PRATIQUE

Savoir exploiter les dictionnaires en ligne

La méthode

1. Utilise les bons outils, par exemple www.larousse.fr, www.littre.org ou www.cnrtl.fr (Portail lexical > Lexicographie).

2. Aide-toi des puces et des couleurs pour cibler l'information (le sens propre ou le(s) sens figuré(s) du mot, son genre, sa prononciation, des exemples d'emploi, etc.).

3. Apprends à connaître les particularités des différents dictionnaires pour savoir lequel utiliser selon l'information dont tu as besoin.

L'exemple commenté

Observons par exemple une définition du site larousse.fr.

tempête — *Larousse te permet d'entendre comment se prononce un mot.*

nom féminin

(latin populaire **tempesta*, temps bon ou mauvais)

Définitions | Expressions | Synonymes | Citations — *Autres ressources utiles*

Sens propre :
- Violente tourmente atmosphérique, en particulier sur mer.

Sens figurés, assortis d'exemples :
- Explosion subite et violente de quelque chose, bruit violent : *Une tempête d'injures.*
- Violente agitation psychologique, politique, etc. : *Un homme en proie à une tempête intérieure.*

À TON TOUR !

Recherche le mot « révolution » dans les trois dictionnaires en ligne suivants : www.larousse.fr, www.littre.org et www.cnrtl.fr, puis réponds aux questions.

1. Quel est le sens propre du mot ? Que remarques-tu sur les domaines d'emploi de ce sens propre ?

2. Quel est son sens figuré ?

3. Que signifie le mot lorsqu'il s'écrit avec une majuscule ?

4. Que peut connoter le mot « révolution » ?

Ouvre les trois dictionnaires dans trois onglets pour pouvoir passer de l'un à l'autre et comparer les articles.

CORRIGÉ p. 142 D'AUTRES EXERCICES : fiches 23 et 24

Analyser la formation d'un mot

19

Lorsqu'on ne connaît pas un mot, on peut déduire sa signification de son étymologie* et de sa formation.

L'ESSENTIEL

1 Chercher la racine du mot

▶ La langue française étant issue du latin, la majeure partie des mots français possèdent une **étymologie latine**.

« étoile » vient du nom latin *stella* ; « aimer » du verbe latin *amare* ; « noble » de l'adjectif latin *nobilis*.

▶ Le français a également emprunté de nombreux mots à d'autres langues : le grec (*astéroïde, métamorphose*), l'allemand (*guerre, haïr*), le gaulois (*chêne, tonneau*), l'arabe (*zéro*), l'italien (*trio*), l'espagnol (*camarade*), l'anglais (*parking*), les langues amérindiennes (*hamac, cacao*)…

2 Décomposer un mot pour le comprendre

▶ De nombreux mots sont **dérivés** d'autres mots : ils sont formés à partir d'un radical auquel on a ajouté un ou plusieurs préfixes et/ou suffixes. Le préfixe est un élément placé avant le radical (***dés**armer*), le suffixe est un élément placé après le radical (*communic**ation***).

▶ Décomposer un mot aide à le comprendre : on isole le radical qui évoque d'autres mots de la même famille*, et on identifie le sens des préfixes et des suffixes.

at-troupe-ment : fait (*-ment*) de s'assembler (*at-*) en *troupe*.
dés-human-is-ation : processus (*-ation*) qui rend (*-is-*) l'homme (*human-*) contraire (*dés-*) à sa propre nature.

▶ Certains radicaux sont doubles : ils sont issus d'une même racine latine qui a connu deux évolutions.

mer → immerger / marin • goût → dégoûter / déguster

UN SCHÉMA POUR RETENIR

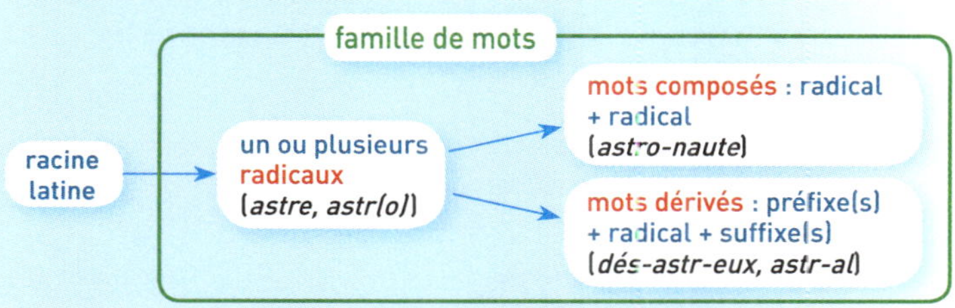

METTRE EN PRATIQUE

Déduire le sens d'un mot inconnu

LA MÉTHODE

1. Aide-toi du sens général de la phrase ou du paragraphe.
2. Analyse la formation du mot : peux-tu le décomposer en éléments dont tu connais le sens ?
3. Formule une définition en tenant compte de la classe grammaticale du mot dont tu cherches le sens.

L'EXEMPLE COMMENTÉ

Maëlle ne connaît pas le sens des mots surlignés. Quels indices lui permettent de le déduire ?

> Ils habitaient une maison étroite à deux étages **prise en étau** entre deux autres maisons. On parvenait à peine à glisser la main dans l'**interstice** qui la séparait des murs voisins. À l'image de l'extérieur, l'intérieur de la maison était **exigu**. Le papier peint était terne ; l'encadrement des fenêtres, détérioré par l'humidité ; l'installation électrique, **surannée**.

1. Grâce au contexte, Maëlle comprend que *prise en étau* signifie « serrée » : la maison est comprimée entre deux autres maisons. L'*interstice* désigne l'espace réduit entre les deux maisons (Maëlle reconnaît le préfixe *inter-*, « entre »). « À l'image de l'extérieur » lui indique que l'adjectif *exigu* a un sens proche de « étroit ».

2. L'étymologie l'aide à déduire le sens de l'adjectif *surannée*. Il est composé du préfixe *sur-*, qui évoque un excès, et du radical *an(née)* : l'installation électrique est très ancienne.

À TON TOUR !

Voici un texte descriptif qui comporte plusieurs mots difficiles.

> Sous l'effet de la rage et de la colère, son visage **s'empourpra**. On n'y voyait plus sa douceur habituelle, ni la délicatesse de ses traits. Ses yeux **dardaient** une haine **inextinguible** et sa peau **exsangue** avait la pâleur de la mort.

1. Décompose chaque mot en rose en ses différents éléments.
2. Propose une définition de chaque mot en t'appuyant sur sa formation ainsi que sur le contexte dans lequel il est employé.

Pour décomposer un verbe, il faut passer par son infinitif.

CORRIGÉ p.142 D'AUTRES EXERCICES : fiches 23 et 24

Se constituer un lexique sur un thème

20

Discourir ou écrire sur un thème nécessite d'utiliser un vocabulaire riche, précis et varié.

L'ESSENTIEL

1 Utiliser des termes génériques, des termes spécifiques et des synonymes

▶ Les termes **génériques** désignent des catégories d'éléments ou d'êtres.

▶ Les termes **spécifiques** ou spécialisés nomment des éléments ou des êtres de manière précise et en soulignent des caractéristiques.

Mot générique : *animal*
Mots spécifiques : ***prédateur*** [indique que l'animal chasse des proies], ***félin*** [précise l'espèce], ***mammifère*** [spécifie le mode de reproduction].

Utiliser un terme spécifique permet à la fois de s'exprimer avec précision et d'éviter des répétitions.

▶ Attention ! Les termes génériques et les termes spécifiques ne sont pas des **synonymes**. Les synonymes sont des mots de sens similaire ; ils permettent de varier l'expression et de nuancer son propos.

téméraire = courageux [Les deux mots sont synonymes, mais le premier apporte une nuance d'inconscience que le second n'a pas.]

2 Constituer un champ lexical

▶ Un **champ lexical** regroupe tous les termes qui se rapportent à un thème donné.

Champ lexical du paysage : *vallée, montagne, plaine, torrent, littoral, colline, plage, forêt, steppe, enneigé, verdoyant, voyager, parcourir...*

▶ Il ne faut pas confondre champ lexical et **famille de mots** : celle-ci est constituée de tous les mots formés sur une même racine.

Mots de la même famille que « paysage » : *pays, paysan, dépaysement...*

UN SCHÉMA POUR RETENIR

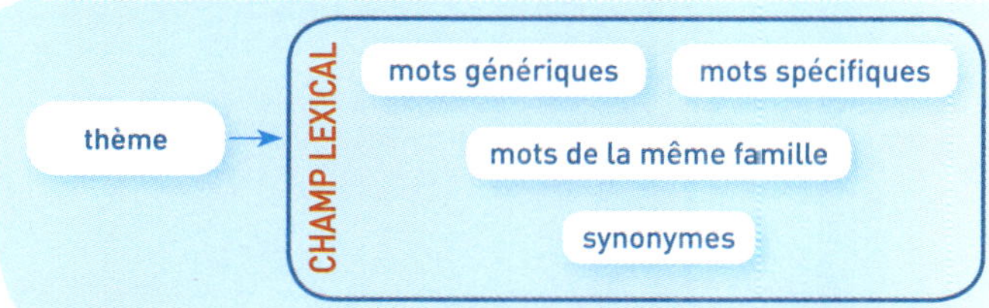

METTRE EN PRATIQUE

Varier l'expression dans une rédaction

LA MÉTHODE

1. Constitue au brouillon un lexique en lien avec ton sujet de rédaction : champ lexical de l'un des mots clés du sujet, liste de termes pouvant servir à décrire un personnage, etc.
2. Pendant la rédaction, pioche dans ce lexique en prenant soin de varier les familles de mots.
3. Lorsque tu te relis, utilise à nouveau ta liste pour chasser les éventuelles répétitions.

L'EXEMPLE COMMENTÉ

Elsa doit rédiger le court monologue d'un jeune homme qui hésite à s'engager dans une carrière de comédien.

1. Lexique du doute

douter, hésiter, hésitation, peut-être, probablement, indécis, incertain...

2. Rédaction

J'aimerais devenir comédien. J'en ai très envie, mais je doute d'avoir assez de talent. Peut-être que si je travaille davantage au cours de théâtre, je réussirai à progresser. Mais comédien est un métier précaire et le succès est incertain... Je ne gagnerai probablement jamais d'oscar. Dois-je quand même tenter ma chance ou songer à une autre voie ?

Elsa exprime le doute grâce au lexique qu'elle a constitué, mais elle recourt également à d'autres procédés : le conditionnel, les points de suspension, la forme interrogative.

À TON TOUR !

1. Constitue un lexique de la certitude comportant des noms, des verbes, des adjectifs et des adverbes.
2. Rédige un paragraphe dans lequel tu conseilles à un ami qui veut se lancer dans la musique d'oser passer une audition.

Utilise le lexique que tu as constitué, mais demande-toi également quels autres procédés (temps, type de phrase) permettent d'exprimer la certitude.

CORRIGÉ p. 142 D'AUTRES EXERCICES : fiches 23 et 24

Utiliser un vocabulaire mélioratif ou péjoratif

21

Lorsque l'on décrit une personne, un objet ou un événement, le vocabulaire employé révèle parfois un jugement personnel. Celui-ci peut être positif (vocabulaire mélioratif) ou négatif (vocabulaire péjoratif).

L'ESSENTIEL

1 Le vocabulaire évaluatif

▶ On emploie un **vocabulaire évaluatif** pour émettre un jugement.

Je m'attends donc à ce que vous ne compreniez pas grand-chose à la beauté d'un chaudron qui bouillonne doucement en laissant échapper des volutes scintillantes...

■ J. K. Rowling, *Harry Potter à l'école des sorciers*, trad. J.-F. Ménard, © Éditions Gallimard.

▶ Le **langage soutenu** est souvent mélioratif, tandis que le **langage familier** est péjoratif.

Tu as vu comment elle était attifée ? [jugement négatif]
As-tu remarqué comment elle était vêtue ? [jugement positif]

▶ La **connotation* des mots** (→ FICHE 18) et l'emploi de certains **suffixes** peuvent également traduire un jugement.

des cheveux d'or [connotation positive] ≠ des cheveux jaunasses [suffixe péjoratif]

2 Les tournures comparatives et superlatives

▶ La tournure **comparative** permet d'associer deux éléments qui présentent une caractéristique commune.

Harry, lui, se pencha pour prendre la cape d'invisibilité qu'il avait cachée sous son lit. [...] Plus douce que la soie, aussi légère qu'un souffle d'air, l'étoffe lui coulait entre les doigts comme l'eau d'un ruisseau.

▶ La tournure **superlative** souligne le degré extrême d'une caractéristique.

Harry dut s'efforcer de trouver un endroit où le sol n'était pas trop dur. Il s'enroula alors dans la dernière couverture qui restait, la moins épaisse, la plus déchirée.

UN SCHÉMA POUR RETENIR

Comparatifs et superlatifs

Les trois comparatifs :
- de supériorité *(plus ... que)*
- d'infériorité *(moins ... que)*
- d'égalité *(aussi ... que)*

Les deux superlatifs :
- relatif *(le plus/moins ... de)*
- absolu *(très..., trop...)*

METTRE EN PRATIQUE

Faire un portrait satirique

La méthode

1. Représente-toi d'abord le comportement et les attitudes de la personne à décrire et trouve des adjectifs péjoratifs.

2. Construis des comparatifs avec des comparants imagés. Tu peux également utiliser d'autres outils de comparaison (→ FICHE 20).

3. Sers-toi du superlatif pour renforcer le sens de certains adjectifs.

L'exemple commenté

Esther doit rédiger le portrait d'un personnage narcissique à la manière de La Bruyère (→ FICHE 20). Voici sa copie.

> Théodule est insupportable et ridicule : égocentrique tel un enfant gâté, il ne s'intéresse à personne d'autre qu'à lui-même, plus obsessionnel que le légendaire Narcisse. Son apparence est son seul centre d'intérêt. Il ne se rend pas compte que l'amour démesuré qu'il se porte est aussi vain qu'un mirage. Orgueilleux comme un paon, c'est l'homme le plus détestable qui soit.

1. Esther a recours à de nombreux adjectifs péjoratifs.

2. Elle crée des comparaisons* efficaces grâce à des comparants inventifs et à des procédés variés.

3. Elle termine son paragraphe par un superlatif.

À TON TOUR !

Le texte suivant est la description du géant Hagrid. Lis-le attentivement, puis entoure les termes évaluatifs et souligne les termes comparatifs.

> La moto était énorme, mais ce n'était rien comparé à l'homme qui était assis dessus. Il était à peu près deux fois plus grand que la moyenne et au moins cinq fois plus large. Il était même tellement grand qu'on avait peine à le croire. On aurait dit un sauvage, avec ses longs cheveux noirs en broussaille, sa barbe qui cachait presque entièrement son visage, ses mains de la taille d'un couvercle de poubelle et ses pieds chaussés de bottes en cuir qui avaient l'air de bébés dauphins. L'homme tenait un tas de couvertures dans ses immenses bras musculeux.
>
> ■ J. K. Rowling, *Harry Potter à l'école des sorciers*, *op. cit.*

Le complément d'un comparatif (*que*...) est parfois sous-entendu.

CORRIGÉ p.142 D'AUTRES EXERCICES : fiches 23 et 24

Reconnaître une comparaison, une métaphore, une personnification 22

Comparaisons, métaphores et personnifications sont des figures d'analogie (= ressemblance) : elles créent des images singulières qui révèlent l'originalité de la pensée d'un auteur.

L'ESSENTIEL

1 Qu'est-ce qu'une comparaison ?

C'est une figure de style qui consiste à comparer deux éléments, **grâce à un outil de comparaison**.

> Comme un vol de gerfauts [comparant] hors du charnier natal,
> Fatigués de porter leurs misères hautaines,
> De Palos de Moguer, routiers et capitaines [comparé]
> Partaient, ivres d'un rêve héroïque et brutal.
>
> ■ José Maria de Hérédia, « Les Conquérants », *Les Trophées* (1893), Gallimard, 1981.
>
> [Les navigateurs partis conquérir le Nouveau Monde (« routiers et capitaines ») sont comparés à des gerfauts (grands faucons) grâce à l'adverbe « comme » : la comparaison souligne la rapacité des conquérants.]

2 Qu'est-ce qu'une métaphore ?

C'est une comparaison **sans outil de comparaison**.

> Dans la nuit éternelle emportés sans retour,
> Ne pourrons-nous jamais sur l'océan des âges
> Jeter l'ancre un seul jour ?
>
> ■ Alphonse de Lamartine, « Le Lac », *Méditations poétiques*, 1820.
>
> [Les métaphores de la mort (« nuit éternelle »), du temps (« océan des âges ») et de la vie humaine (« l'ancre » d'un bateau) expriment l'impossibilité pour l'homme d'échapper à la mort qu'amène inévitablement le temps qui passe.]

3 Qu'est-ce qu'une personnification ?

Cette figure de style consiste à **attribuer des comportements et des sentiments humains** à des animaux, des choses ou des idées.

> Que le vent qui gémit, le roseau qui soupire [...]
>
> [Des éléments naturels sont dotés d'une voix plaintive.]

UN SCHÉMA POUR RETENIR

principales figures d'analogie
- comparaison .... l'espoir, tel l'oiseau...
- métaphore .... les ailes de l'espoir
- personnification .... l'espoir gémissant

METTRE EN PRATIQUE

Repérer des images dans un poème

LA MÉTHODE

1. Pour repérer une **comparaison** : cherche un outil de comparaison (*comme, ainsi que, tel, semblable à, ressemblance, avoir l'air*…).
2. Pour repérer une **métaphore** : cherche des mots qui ne sont pas employés dans leur sens propre et demande-toi s'ils établissent une comparaison implicite.
3. Pour repérer une **personnification** : cherche des verbes évoquant une activité humaine et dont le sujet est non humain.

L'EXEMPLE COMMENTÉ

Mathis doit repérer dans la première strophe du poème « Spleen » une comparaison, une métaphore et une personnification.

Quand le ciel bas et lourd pèse comme un couvercle
Sur l'espoir gémissant en proie aux longs ennuis,
Et que de l'horizon embrassant tout le cercle
Il nous verse un jour noir plus triste que les nuits ; [...]

■ Charles Baudelaire, *Les Fleurs du Mal*, 1857.

1. Mathis encadre « comme » : le ciel est comparé à un couvercle.
2. Le verbe « verse » implique que le jour est assimilé à un liquide. Il n'y a pas d'outil de comparaison : « un jour noir » est donc une métaphore (le jour ressemble à de l'encre).
3. Mathis observe que le participe « gémissant » a pour sujet « l'espoir » : l'espoir est donc personnifié.

À TON TOUR !

Voici la quatrième strophe de « Spleen », qui termine la phrase commencée dans la première. Après l'avoir lue, réponds aux questions.

Des cloches tout à coup sautent avec furie,
Et lancent vers le ciel un affreux hurlement,
Ainsi que des esprits errants et sans patrie,
Qui se mettent à geindre opiniâtrement. [...]

1. Relève une comparaison (précise le comparé, le comparant et l'outil de comparaison).
2. Quels termes construisent la personnification des cloches ?

Identifie les verbes qui ont pour sujet « des cloches ».

CORRIGÉ p. 142   D'AUTRES EXERCICES : fiches 23 et 24

Quiz express

Vérifie que tu as bien retenu les points clés des **fiches 18 à 22**

23

Réponds à chacun des quiz, puis résous l'énigme.

Employer un lexique adapté

1 Comprendre un mot inconnu

Fiche 18

Complète le rappel de méthode suivant.

Pour comprendre un mot inconnu, on peut penser à un mot de la même .... On peut également identifier les éléments qui le composent : le ...., noyau du mot, le ...., placé avant, et le ...., placé après. On peut aussi se fier au ...., c'est-à-dire la phrase ou le texte dans lesquels le mot est employé.

2 Connaître le sens des préfixes et des suffixes

Fiche 19

Coche le sens qui convient.

1. *inter-* : ☐ **a.** inverse ☐ **b.** entre ☐ **c.** avec
2. *bio-* : ☐ **a.** l'agriculture ☐ **b.** la vie ☐ **c.** les animaux
3. *-cule* : ☐ **a.** petit ☐ **b.** invisible ☐ **c.** vivant
4. *-ible* : ☐ **a.** une action ☐ **b.** une possibilité ☐ **c.** une évidence
5. *anti-* : ☐ **a.** avant ☐ **b.** après ☐ **c.** contre
6. *-ment* : ☐ **a.** de façon ☐ **b.** semblable ☐ **c.** certain
7. *omni-* : ☐ **a.** homme ☐ **b.** tout ☐ **c.** grand

3 Savoir décomposer un mot

Fiche 19

Décompose chaque mot en séparant par des traits verticaux préfixe(s), radical et suffixe(s).

1. désorganisation
2. décroissance
3. surconsommation
4. inoubliable
5. incompréhensible
6. indiscutablement

4 Identifier un champ lexical

Fiche 20

Dans le texte suivant, souligne tous les termes qui se rapportent à un même thème que tu identifieras.

> La connais-tu, Dafné, cette ancienne romance,
> Au pied du sycomore ou sous les lauriers blancs,
> Sous l'olivier, le myrte, ou les saules tremblants,
> Cette chanson d'amour qui toujours recommence...
>
> ■ Gérard de Nerval, « Delfica », *Les Chimères* (1856).

Champ lexical dominant : ....

5 Reconstituer une famille de mots

Fiche 21

Trouve les antonymes des mots en bleu dans cet extrait, afin de faire un portrait péjoratif du personnage.

L'épicier était un jeune / .... homme bon / .... , franc / .... et honnête / .... Il se montrait toujours poli / .... et servait tous ses clients en souriant / ....

6 Savoir identifier une figure de style

Fiche 22

Comparaison, métaphore ou personnification ? Note C, M ou P selon l'image que contient chaque vers.

1. « L'amour s'en va comme cette eau courante » (G. Apollinaire) : ......
2. « Je ne regarderai ni l'or du soir qui tombe » (V. Hugo) : ......
3. « De lourds nuages gris [...] accouraient de l'ouest » (J. Gracq) : ......
4. « Moi, mon âme est fêlée » (Ch. Baudelaire) : ......
5. « Souriant comme sourirait un enfant malade » (A. Rimbaud) : ......

ÉNIGME

- Mon premier est la 2e personne du singulier de l'impératif du verbe *dire*.
- Mon deuxième est la 24e lettre de l'alphabet.
- Mon troisième est une princesse aimée de Zeus métamorphosée en vache.
- Mon dernier est une fibre du corps humain qui transmet les sensations.

Mon tout est un outil qui permet de trouver le sens d'un mot.

dictionnaire (dis – x – lo – nerf)

Reporte-toi aux corrigés p. 143 et calcule ton score.

Score : .../30

Contrôle continu

À l'aide de ces exercices, prépare tes contrôles portant sur les **fiches 18 à 22**

24

Employer un lexique adapté

exercice 1 Comprendre un mot d'après le contexte (10 mn)

Propose un synonyme pour chaque mot en bleu.

> Le visage d'Alfiera devint d'une pâleur extrême. [...] elle jeta vers son père un regard implorant. Le duc, qui était aux prises avec son poisson, faillit s'étouffer. Ses joues se gonflèrent et devinrent cramoisies. [...] Il émit quelques grognements furieux, porta sa serviette à ses lèvres, et parut si visiblement incommodé que le maître d'hôtel se pencha vers lui avec sollicitude.
>
> ■ Romain Gary, « Le Faux », *J'ai soif d'innocence et autres nouvelles à chute*, © Larousse.

1. implorant : ....
2. cramoisies : ....
3. émit : ....
4. incommodé : ....
5. sollicitude : ....

exercice 2 Expliquer des mots d'après leur formation (5 mn)

Décompose chacun des mots suivants puis donnes-en une définition.

1. inaudible : ....
2. rigidifier : ....
3. désinformation : ....
4. asservissement : ....

exercice 3 Analyser l'emploi d'un champ lexical (5 mn)

Lis l'extrait de poème suivant.

> Le soleil, à travers leurs ombres, brille encor ;
> Tantôt fait, à l'égal des larges dômes d'or
> Luire le toit d'une chaumière ;
> Ou dispute aux brouillards les vagues horizons ;
> Ou découpe en tombant sur de sombres gazons,
> Comme de grands lacs de lumière.
>
> ■ Victor Hugo, « Soleils couchants », *Les Feuilles d'automne* (1831).

1. Relève les deux champs lexicaux qui s'opposent dans cet extrait.

....

2. Quel effet produit leur juxtaposition ?

....

exercice 4 Utiliser des adjectifs évaluatifs pour décrire

10 mn

Tu es allé(e) voir un film avec un(e) ami(e) : tu as adoré, tandis que ton ami(e) a détesté.

1. Propose cinq adjectifs mélioratifs que tu pourrais employer pour parler du film.

....

2. Propose cinq adjectifs péjoratifs que ton ami(e) pourrait utiliser.

....

exercice 5 Analyser l'emploi de figures de style

10 mn

1. Souligne de trois couleurs différentes les comparaisons, la métaphore et les personnifications dans l'extrait suivant.

> Les nuages couraient sur la lune enflammée
> Comme sur l'incendie on voit fuir la fumée,
> Et les bois étaient noirs jusques à l'horizon. [...]
> Car le vent, élevé bien au-dessus des terres,
> N'effleurait de ses pieds que les tours solitaires
> Et les chênes d'en bas, contre les rocs penchés,
> Sur leurs coudes semblaient endormis et couchés.
>
> ■ Alfred de Vigny, « La Mort du loup », *Les Destinées* (posth. 1864).

2. Quelle image de la nature ces figures de style font-elles émerger ?

....

....

Reporte-toi aux corrigés p. 143 et évalue-toi.

Bilan

	J'ai réussi		*Fiche à revoir*
Exercice **1**	❑ oui 🙂	❑ non ☹	Fiche 18
Exercice **2**	❑ oui 🙂	❑ non ☹	Fiche 19
Exercice **3**	❑ oui 🙂	❑ non ☹	Fiche 20
Exercice **4**	❑ oui 🙂	❑ non ☹	Fiche 21
Exercice **5**	❑ oui 🙂	❑ non ☹	Fiche 22

Distinguer et utiliser les pronoms

25

Le mot latin* pro *signifie « à la place de » : les pronoms s'emploient donc à la place des noms. Pourquoi les utiliser et comment choisir celui qui convient ?

L'ESSENTIEL

1 À quoi servent les pronoms ?

▶ Le pronom peut **se substituer à un nom**. Il permet ainsi d'éviter des répétitions (pronom de reprise).

Louis a annoncé la nouvelle à Marie mais ~~Marie n'a pas voulu croire Louis~~ elle n'a pas voulu le croire.

▶ Il peut aussi ne rien remplacer et **désigner** par lui-même une personne ou un élément de la situation d'énonciation.

J'aimerais que vous m'écoutiez quand je parle.
[*je*, *me* et *vous* ne prennent sens que dans un contexte précis.]

2 Différencier les pronoms

▶ Voici les principales catégories de pronoms.

pronoms	référent ou antécédent	exemples
personnels	personne ou élément déjà évoqué	je, tu, il, nous, elles, te, la, lui...
démonstratifs	personne ou élément que l'on montre, dont on a parlé ou dont on va parler	ce, celui, celle, ceux, ceci, celle-là...
possessifs	possesseur d'une chose déjà évoquée	le mien, les tiennes, la sienne, le vôtre...
relatifs	antécédent de la proposition subordonnée relative	qui, que, dont, lequel...
interrogatifs	personne ou élément sur lequel porte la question	qui, que, qu'est-ce qui...

UN SCHÉMA POUR RETENIR

Choisir le bon pronom de reprise en cas d'ambiguïté

Alors que Luke Skywalker s'apprête à tuer Dark Vador...

→ *... il ~~lui apprend qu'il est son père.~~*
(pronom personnel : reprise du sujet)

→ *... celui-ci lui apprend qu'il est son père.*
(pronom démonstratif : reprise du complément)

METTRE EN PRATIQUE

Utiliser des pronoms pour éviter une répétition

La méthode

1. Repère les mots et groupes de mots répétés.
2. Recours aux pronoms personnels de 3e personne : *il(s), lui, le, la...* Assure-toi que le référent est clair.
3. Pense aussi aux pronoms démonstratifs, si tu reprends un GN qui vient d'être énoncé ou si tu dois distinguer deux éléments de la phrase précédente.

L'exemple commenté

Prune relit sa description du tableau *Les Ambassadeurs* (1533), de Hans Holbein le Jeune : elle essaie de l'améliorer en utilisant des pronoms.

Les ambassadeurs sont représentés en pied dans un cadre luxueux. Ils sont richement vêtus : ~~l'ambassadeur de gauche~~ celui de gauche porte un pourpoint de soie rose et un manteau doublé de fourrure d'hermine, ~~l'ambassadeur de droite~~ celui de droite un long manteau brun. Holbein les a placés ~~les ambassadeurs~~ de part et d'autre d'une console en bois. ~~Cette console~~ Celle-ci est recouverte d'objets symbolisant les sciences et la culture. ~~Ils~~ Les deux hommes sont tournés vers le spectateur.

Attention à l'accord du participe avec les pronoms COD.

« Ils » renvoie aux objets : impossible ici de désigner les ambassadeurs à l'aide d'un pronom de reprise.

Prune utilise des pronoms personnels et des démonstratifs pour désigner des éléments déjà évoqués.

À TON TOUR !

Voici la suite de la description de Prune : repère et corrige les trois pronoms fautifs.

Au premier plan, devant la console, s'étend une forme étrange. Il faut regarder la toile à partir de son côté droit pour comprendre ce qu'elle représente. Il s'agit de la déformation d'un crâne, par laquelle le peintre a voulu faire de son tableau une vanité. Il suggère ainsi que le luxe, l'art et la science ne sont que des illusions et rappelle à chaque spectateur qu'ils sont mortels.

Une vanité est une peinture qui évoque la brièveté de la vie, souvent à travers la représentation d'un crâne humain.

CORRIGÉ p. 144   D'AUTRES EXERCICES : fiches 28 et 29

Distinguer les différentes expansions du nom

26

Dans un groupe nominal, le nom noyau est très souvent complété par des expansions. Celles-ci apportent des précisions sur ce que désigne le nom.

L'ESSENTIEL

1 L'adjectif épithète

▶ Un adjectif épithète est placé **devant ou derrière le nom** qu'il qualifie.

un beau paysage • un silence inquiétant

▶ Certains adjectifs n'ont pas le même sens selon qu'ils sont placés devant ou derrière le nom.

un homme grand [qualité physique] ≠ un grand homme [qualité morale]
une fille pauvre [statut social] ≠ une pauvre fille [statut moral]

2 Le groupe prépositionnel complément du nom

Cette expansion est constituée d'une **préposition** introduisant un mot (nom, adverbe, infinitif) ou un groupe nominal.

une statue en marbre
un fer à friser
des légendes d'autrefois
un recueil de poèmes lyriques

3 La proposition subordonnée relative

La proposition relative est introduite par un **pronom relatif** (*qui, que, quoi, dont, où, lequel, duquel, auquel*…). Le pronom relatif remplace à l'intérieur de la relative le nom qui le précède (son antécédent).

la récompense qui m'a été attribuée [Le pronom relatif *qui* a pour antécédent le nom *récompense* : attention aux accords dans la relative !]

UN SCHÉMA POUR RETENIR

Enrichir un groupe nominal

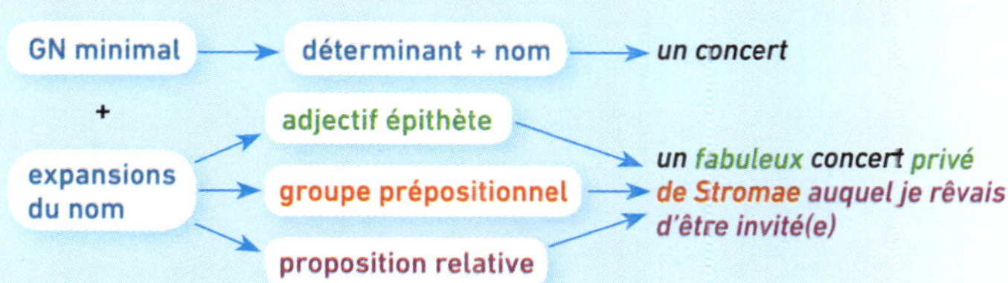

METTRE EN PRATIQUE

Vérifier qu'on a employé le bon pronom relatif

LA MÉTHODE

1. Identifie la proposition relative et transforme-la en une phrase simple, en remplaçant le pronom relatif par le GN qu'il reprend.
2. Vérifie que tu as bien employé :
– *dont* (et non *que*), si le GN est un complément introduit par « de » ;
– *lequel* (et non *qui*), si le GN est introduit par une autre préposition et ne désigne pas une personne ;
– *lequel* (et non *qui*), s'il y a un risque d'ambiguïté sur l'antécédent.

L'EXEMPLE COMMENTÉ

Youri fait relire son rapport de stage à sa mère, qui repère quelques pronoms relatifs fautifs.

> « Pendant mon stage, on m'a montré les logiciels [~~qu'~~ dont on se sert pour créer des affiches]. » [on se sert *de ces logiciels*]
>
> « Ma tutrice m'a longuement parlé du directeur [à qui elle fait des rapports réguliers] et de l'entreprise [pour ~~qui~~ laquelle elle travaille]. » [l'antécédent (« l'entreprise ») ne désigne pas une personne]
>
> « Elle m'a également présenté l'assistant de la directrice, [avec qui elle se dispute souvent]. » [*qui* est correct mais ambigu : elle se dispute souvent avec l'assistant ou avec la directrice ? *Lequel* ou *laquelle* permettrait de clarifier.]

À TON TOUR !

À partir de deux phrases, construis-en une seule en utilisant des pronoms relatifs.

1. Nous avons visité un musée. Ce musée expose des toiles de Paul Gauguin.

2. Nous avons aussi admiré des tableaux de Claude Monet. Parmi ces tableaux figurait le célèbre *Impression soleil levant*.

3. Nous avons flâné sur les quais de la Seine. Des bouquinistes sont installés le long des quais de la Seine.

4. Chez un bouquiniste, j'ai trouvé une bande dessinée. Je t'avais déjà parlé de cette bande dessinée et je la cherchais depuis longtemps.

Commence par souligner le mot ou le groupe de mots qui servira d'antécédent au pronom.

CORRIGÉ p.144 D'AUTRES EXERCICES : fiches 28 et 29

Comprendre et utiliser les mots indéfinis

27

Connaître le sens des mots indéfinis est indispensable pour exprimer clairement et précisément sa pensée, notamment lorsqu'on argumente.

L'ESSENTIEL

1 Classer les mots indéfinis

On classe les mots indéfinis en fonction de leur nature (déterminants ou pronoms) et de la quantité qu'ils expriment.

	déterminants	pronoms
quantité nulle	aucun, nul, pas un	aucun, nul, pas un, personne…
quantité égale à 1	n'importe quel, quelque, certain	quelqu'un, quelque chose, n'importe qui/quoi…
quantité imprécise	certains, plusieurs, quelques, la plupart de, beaucoup de…	certains plusieurs, quelques-uns, la plupart, beaucoup, d'aucuns…
totalité	tout, chaque	tout, tous, chacun…

2 Orthographier les mots indéfinis

▶ Le déterminant indéfini s'accorde avec le nom qu'il précède.

- aucune femme • n'importe quels journaux

▶ Mémorise l'orthographe des mots suivants : *n'importe qui/quoi, quelque chose, plusieurs, beaucoup, d'aucuns*. Ils ne varient jamais.

▶ Lorsque tu utilises un pronom indéfini comme sujet, demande-toi quelle quantité il désigne et accorde le verbe en fonction (voir « Un schéma pour retenir »).

- Quelqu'un m'a vendu une caisse de DVD, mais quelques-uns sont rayés.

UN SCHÉMA POUR RETENIR

Accorder le verbe avec un pronom indéfini sujet

nul(le), aucun(e), pas un(e), chacun(e), rien, personne, l'un(e), l'autre, quiconque, quelqu'un(e), tout, la plupart → verbe au singulier

plusieurs, certain(e)s, beaucoup, peu, trop, tous, toutes → verbe au pluriel

METTRE EN PRATIQUE

Orthographier *tout* selon sa classe grammaticale

La méthode

1. Si tu peux remplacer *tout* par *tout à fait*, il s'agit d'un adverbe : *tout* est invariable. Cas particulier : *tout* prend un *e* devant un adjectif au féminin commençant par une consonne ou un *h* aspiré *(une règle toute simple ; elle était toute habillée)*.

2. Dans les autres cas, *tout* est un déterminant ou un pronom : il prend la marque du féminin et/ou du pluriel.

L'exemple commenté

Zora s'est rendue à un concert et raconte son expérience. Elle se relit en faisant bien attention à l'orthographe de *tout*.

j'étais tout à fait excitée : « tout » est un adverbe

« tout » est un pronom (= *mes copines et moi*) : accord.

« tout » est un déterminant (il précède un GN) : accord.

Le jour du concert, j'étais ~~toute~~ tout excitée à la perspective de voir mon idole en vrai. Mes copines et moi, nous avons fait la queue toute la journée devant la salle ! Nous attendions ~~toute~~ toutes avec impatience l'ouverture des portes... Lorsque nous pûmes enfin entrer, ~~tous~~ tout le monde se bouscula : ~~tout~~ tous les coups étaient permis pour être au premier rang, tout près de l'artiste ! Soudain, la salle devint toute silencieuse : il était là.

cas particulier : «tout» est un adverbe mais prend un *e*.

À TON TOUR !

Souligne les différentes formes de *tout* dans chacun des exemples suivants et justifie leur orthographe.

1. « Tous les hommes sont menteurs, inconstants, faux, bavards, hypocrites, orgueilleux et lâches, méprisables et sensuels ; toutes les femmes sont perfides, artificieuses, vaniteuses, curieuses et dépravées. »

■ Alfred de Musset, *On ne badine pas avec l'amour*, II, 5.

2. « Tout vient à point à qui sait attendre. »

■ François Rabelais, *Pantagruel*, IV, 48.

3. « En toute chose il faut considérer la fin. »

■ Jean de La Fontaine, « Le Renard et le Bouc », *Fables*, III, 5.

Demande-toi si *tout* peut être remplacé par un adverbe et quel est le genre du nom qu'il précède ou remplace.

CORRIGÉ p. 144 D'AUTRES EXERCICES : fiches 28 et 29

Quiz express

Vérifie que tu as bien retenu les points clés des **fiches 25 à 27**

28

Réponds à chacun des quiz, puis résous l'énigme.

Comprendre le fonctionnement du groupe nominal

1 Pronom ou déterminant ?

Fiche 25

Quelle est la nature du mot en rose ?

	déterminant	pronom
1. Il nous téléphone chaque soir.	☐	☐
2. Quelle joie de te revoir !	☐	☐
3. Parmi ces cartes, laquelle choisis-tu ?	☐	☐
4. Je ne peux pas croire cela !	☐	☐
5. Ce sport se pratique à tout âge.	☐	☐

2 Repérer les pronoms et leur antécédent

Fiche 25

Encadre les pronoms et souligne le mot ou groupe de mots qu'ils reprennent.

1. Mes lunettes ? Je ne sais pas où je les ai posées.
2. Je connais une jeune fille qui ferait une baby-sitter formidable.
3. L'espoir donne du courage aux hommes mais beaucoup l'oublient.
4. Quelle cravate vas-tu mettre ? celle-ci ou celle-là ?
5. Si tu as besoin de conseils, pourquoi n'écoutes-tu pas les miens ?

3 Les expansions du nom

Fiche 26

Relie les phrases avec l'expansion du nom qui convient.

1. Je préfère les desserts .... •	• aux fraises
2. Je garde un ... souvenir de ces vacances. •	• qui font réfléchir
3. Les échecs sont un jeu .... •	• merveilleux
4. Ce film décrit une réalité .... •	• sordide
5. J'aime les longs métrages .... •	• de stratégie

4 Remplacer une proposition subordonnée par un adjectif

Fiche 26

Relie chaque GN à l'adjectif qui convient.

1. un fait que l'on peut prévoir •	• versifié
2. un discours qui donne envie de dormir •	• invulnérable
3. un lieu que l'on ne peut décrire •	• soporifique
4. un adversaire qu'on ne peut blesser •	• prévisible
5. un poème qui comporte des vers •	• indescriptible

5 Employer le bon pronom relatif

Fiche 26

Choisis le pronom relatif qui convient.

1. Il a des sautes d'humeur ☐ à laquelle ☐ auxquelles nous sommes habitués.
2. Je ne connais pas le poète ☐ dont ☐ que tu cites.
3. C'est exactement ce ☐ que ☐ dont nous avons discuté.
4. Elle a fait une belle série de photographies ☐ laquelle ☐ qui est exposée dans une galerie.
5. Les résultats ☐ que ☐ qui j'ai trouvés ne sont pas fiables.

6 *Tout, toute, tous ou toutes ?*

Fiche 27

Entoure la ou les formes qui conviennent.

1. Tout / Tous les hommes naissent libres et égaux en droits.
2. Où est la crème glacée ? Quoi ? Tu l'as tout / toute mangée ?
3. Tout / Toute / Tous / Toutes ont approuvé ma proposition.
4. Trouvons des places dans les tout / tous premiers rangs.
5. J'aime les pièces de William Shakespeare mais je ne les ai pas tout / toute / toutes lues.

ÉNIGME

Remets les lettres dans l'ordre pour former des mots clés rencontrés dans les fiches précédentes.

A N M T D E R I N T E	F L A T I R E	P H T E T E I E
_ _ _ _ _ _ _ _ _ _ _	_ _ _ _ _ _ _	_ _ _ _ _ _ _ _
C D A T É N E E É N T	N S X P N A I O E	I I I N N F É D
_ _ _ _ _ _ _ _ _ _	_ _ _ _ _ _ _ _ _	_ _ _ _ _ _ _ _

déterminant • relatif • épithète • antécédent • expansion • indéfini

Reporte-toi aux corrigés p. 144 et calcule ton score.

Score : .../30

Comprendre le fonctionnement du groupe nominal

exercice 1

Identifier des expansions du nom

5 mn

Dans le texte suivant, souligne les sept propositions subordonnées relatives et surligne l'antécédent de chacune d'entre elles.

[Alfiera] venait d'arriver de leur domaine familial de Sicile où elle avait été élevée et qu'elle quittait pour la première fois, et chaperonnée par sa mère, avait en quelques semaines jeté l'émoi dans une société pourtant singulièrement blasée. [...] Sous une chevelure noire qui paraissait prêter à la lumière son éclat plutôt que le recevoir, le front, les yeux, les lèvres étaient dans leur harmonie comme un défi de la vie à l'art, et le nez, dont la finesse n'excluait cependant pas le caractère ni la fermeté donnait au visage une touche de légèreté qui le sauvait de cette froideur qui va presque toujours avec la recherche trop délibérée d'une perfection que seule la nature, dans ses grands moments d'inspiration ou dans les mystérieux jeux du hasard, parvient à atteindre [...].

Romain Gary, « Le Faux », *J'ai soif d'innocence et autres nouvelles à chute*, © Larousse.

exercice 2

Enrichir une description

15 mn

Voici la description bien terne d'une place de village. Réécris-la en ajoutant des expansions variées pour l'enrichir.

J'aime particulièrement cette place. Elle est bordée de platanes. En son centre trône une fontaine. Cet endroit évoque pour moi les vacances et l'ambiance des fêtes de village.

....

....

....

....

....

....

Commence par repérer tous les GN minimaux, puis enrichis chacun d'une ou plusieurs expansions.

exercice 3 Utiliser des pronoms (10 mn)

Réécris le texte suivant en remplaçant les noms et groupes nominaux barrés par les pronoms qui conviennent.

Salomé adore aller à la piscine car ~~Salomé~~ aime le sport et l'eau. ~~Salomé~~ va ~~à la piscine~~ tous les dimanche matins et retrouve ~~à la piscine~~ sa meilleure amie Erika : ~~Erika~~ adore nager aussi. Lorsque les deux amies ont fait quelques longueurs, ~~les deux amies~~ font une pause et profitent ~~de cette pause~~ pour bavarder.

....

....

....

....

exercice 4 Utiliser le bon pronom relatif (5 mn)

À partir de deux phrases simples, construis une phrase complexe comportant une proposition subordonnée relative.

1. J'ai écouté toutes les chansons de cet album. Parmi ces chansons, je n'en ai aimé que deux.

....

2. L'enquêteur a relevé des empreintes. Il ignore si ces empreintes sont celles d'un homme ou celles d'une femme.

....

3. Je ne connais pas ce recueil de poèmes d'Aragon. Tu as fait un bel exposé sur ce recueil de poèmes.

....

4. Le guide a fait allusion à une légende de trésor enfoui. Nous ne connaissions pas cette légende.

....

Reporte-toi aux corrigés p. 145 et évalue-toi.

Bilan

	J'ai réussi		*Fiche à revoir*
Exercice **1**	❑ oui 🙂	❑ non ☹	**Fiche 25**
Exercice **2**	❑ oui 🙂	❑ non ☹	**Fiche 25**
Exercice **3**	❑ oui 🙂	❑ non ☹	**Fiche 26**
Exercice **4**	❑ oui 🙂	❑ non ☹	**Fiche 26**

Analyser la structure d'une phrase simple

30

La phrase simple ne comporte qu'une seule proposition et donc un seul verbe conjugué, contrairement aux phrases complexes qui comportent plusieurs propositions et donc plusieurs verbes conjugués (→ FICHES 35 À 39).

L'ESSENTIEL

1 Qu'est-ce qu'une phrase simple ?

La phrase simple constitue le modèle grammatical de base. Elle comporte :

- un **sujet** : qui ou ce qui fait l'action / est dans tel état ;
- un **verbe conjugué** (l'action ou l'état) ;
- un ou plusieurs **compléments** essentiels (les éléments sur lesquels porte l'action) ou circonstanciels (les circonstances de l'action).

> Ce soir, dans le jardin, le vent agite les branches des arbres.
> [CC, facultatifs] [sujet, verbe et COD, obligatoires]

2 Quels sont les quatre types de phrase ?

Selon ce que veut dire le locuteur, la structure et la ponctuation de la phrase simple varient. On distingue quatre types de phrase.

types de phrase	structure	intention du locuteur	exemples
déclarative (.)	S + V + C	énoncer un fait, une information	Il fait froid aujourd'hui.
interrogative (?)	V + S + C	poser une question	As-tu pris ton bonnet ?
injonctive (. ou !)	V (impératif) + C ou S + V + C	exprimer un ordre ou un conseil	Ne me mens pas ! Fais attention à toi.
exclamative (!)	S + V + C ou C + S + V	exprimer un sentiment	Quel dommage qu'il ne soit pas venu !

UN SCHÉMA POUR RETENIR

Ne pas confondre type et forme de phrase

types de phrase : déclarative, interrogative, injonctive, exclamative

≠

formes de phrase :
- affirmative ou négative
- active ou passive
- personnelle ou impersonnelle
- emphatique ou neutre

METTRE EN PRATIQUE

Ponctuer une phrase

LA MÉTHODE

1. Utilise la **virgule** pour détacher un groupe de mots (par exemple un CC), juxtaposer des propositions indépendantes ou faire une énumération.
2. Utilise les **deux-points** pour introduire une prise de parole, une énumération ou une explication.
3. Utilise le **point-virgule** pour réunir deux phrases complètes entre lesquelles tu veux établir une relation logique.

L'EXEMPLE COMMENTÉ

À la demande de son professeur, Éloïse a retravaillé la ponctuation de sa rédaction. Celui-ci la félicite du résultat.

> Ce jour-là [CC détaché en tête de phrase], Tristan lisait tranquillement dans sa chambre : il était plongé dans un récit de science-fiction. Il en était à peu près au milieu de l'histoire : les habitants de la planète Pallia résistaient farouchement à leurs ennemis, les guerriers sutriens [GN en apposition], qui voulaient s'emparer des ressources de leur planète. Ils les combattaient depuis maintenant dix années ; les Palliens, épuisés, se trouvaient en mauvaise posture…

Dans cet exemple, les virgules permettent de détacher des groupes de mots ; les deux-points introduisent des explications ; le point-virgule établit un lien de causalité (les Sutriens combattent les Palliens depuis dix ans, donc les Palliens sont épuisés).

À TON TOUR !

Voici la suite de la rédaction d'Éloïse : à toi d'en corriger la ponctuation.

> Les Palliens avaient envoyé un message par satellite indétectable à leurs alliés de Miloé afin de les supplier de leur faire parvenir des munitions et des renforts mais apparemment celui-ci avait dû être intercepté par les Sutriens puisqu'ils n'avaient pas encore reçu l'aide tant attendue. L'heure était grave les assauts devenaient plus violents, les Palliens ne pourraient plus tenir très longtemps, puis enfin le général en chef des armées palliennes reçut une réponse, il y avait eu du retard mais les renforts arrivaient.

Éloïse fait des phrases longues :
pense à les couper lorsque c'est nécessaire.

CORRIGÉ p. 145 D'AUTRES EXERCICES : fiches 33 et 34

Reconnaître des procédés de reprise

31

Les procédés de reprise consistent à employer des pronoms, des noms ou des GN pour désigner un être, un objet ou une idée déjà évoqués, afin d'éviter les répétitions et d'apporter des informations supplémentaires.

L'ESSENTIEL

1 Identifier les reprises pronominales

▶ Un pronom de reprise reprend un nom ou un GN évoqué dans une proposition ou une phrase précédente.

> Nous avons choisi les bandes dessinées qui nous plaisent. Allons les payer.
> [Le pronom relatif *qui* et le pronom personnel *les* reprennent le GN encadré.]

▶ Le genre, le nombre ou la personne du pronom aident à identifier ce qu'il reprend.

> Filles et garçons n'étaient pas d'accord : les unes [donc les filles] voulaient faire de la natation, les autres [les garçons] préféraient les arts du cirque.

▶ Certains pronoms reprennent des phrases entières.

> Il n'a pas dit la vérité. Je le sais. Cela n'est pourtant pas dans ses habitudes.

2 Analyser les reprises nominales

▶ Une reprise nominale peut être un synonyme de l'élément repris ou un nom générique, souvent enrichi d'une expansion. Elle fournit un renseignement supplémentaire.

> Dans *Les Misérables*, Victor Hugo fait un héros de Jean Valjean. Cet homme pauvre est emprisonné pour avoir volé du pain.
> [Le GN *Cet homme pauvre* reprend Jean Valjean ; la reprise nominale précise le milieu social du personnage et explique pourquoi il a commis un vol.]

▶ Elle peut également traduire le jugement du locuteur ou du narrateur.

> Je me rappelle le bois situé derrière la maison de ma tante. J'ai souvent exploré cet endroit sauvage et mystérieux.
> Je n'ai jamais vu un homme pareil. Cet énergumène est insupportable.

UN SCHÉMA POUR RETENIR

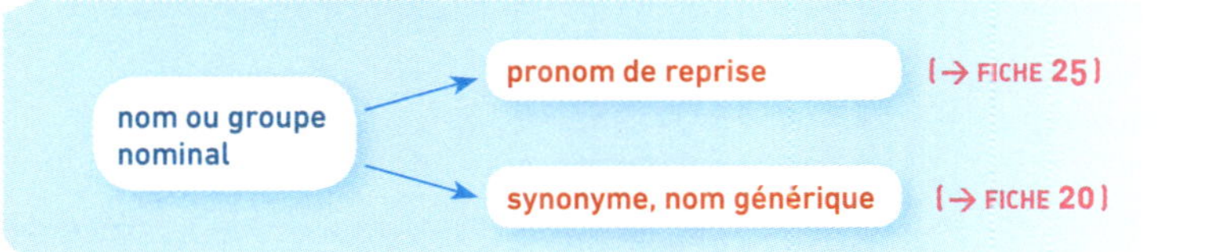

METTRE EN PRATIQUE

Utiliser des reprises nominales pour éviter une répétition

LA MÉTHODE

1. Note les éléments constituant l'identité de ton personnage (époque, âge, milieu social ou profession, éléments de description physique et morale…).
2. Crée des reprises nominales qui te permettront de le désigner sans répéter son nom.

L'EXEMPLE COMMENTÉ

Dimitri rédige un résumé du *Journal d'Anne Frank*. Il cherche différentes reprises nominales pour désigner l'héroïne.

1. Anne Frank : treize ans, juive allemande exilée aux Pays-Bas ; brune aux yeux noirs ; esprit vif, mûre pour son âge.

2. l'adolescente – la narratrice – la jeune juive – la clandestine – cette jeune fille brillante…

> Anne Frank vit aux Pays-Bas avec sa famille depuis que Hitler est arrivé au pouvoir en Allemagne en 1933. En 1942, le jour de ses treize ans, elle commence un journal intime. Quelques semaines plus tard, la jeune juive et sa famille entrent dans la clandestinité. La narratrice raconte son quotidien, décrit ses proches et consigne ses pensées, ses émotions. Adressé à une amie imaginaire, le récit de l'adolescente est empreint de sincérité et constitue un témoignage historique précieux.

À TON TOUR !

> *Lucien de Rubempré est introduit dans la haute société parisienne par Naïs de Bargeton.*
>
> Lucien était revenu de chez madame de Bargeton, d'abord avec la discrétion d'un homme de l'Houmeau ; puis il se familiarisa bientôt avec ce qui lui avait paru d'abord une énorme faveur, et vint la voir de plus en plus souvent. Le fils d'un pharmacien fut pris par les gens de cette société pour un être sans conséquence. […] Madame de Bargeton usa de toute son adresse pour établir chez elle son poète.
>
> ■ Honoré de Balzac, *Illusions perdues* (1837).

a. Souligne les reprises nominales qui désignent Lucien de Rubempré.

b. Quelles informations apportent-elles sur le personnage ?

Ne souligne que les reprises nominales, pas les pronoms !

CORRIGÉ p.146 D'AUTRES EXERCICES : fiches 33 et 34

Reconnaître les procédés d'insistance

32

On appelle procédés d'insistance ou d'emphase les procédés qui permettent au locuteur de mettre en valeur un ou plusieurs éléments d'une phrase.

L'ESSENTIEL

1 Comment mettre un élément en valeur ?

▶ On peut détacher cet élément du reste de la phrase :

• en employant des virgules ou des tirets ;

Il a décidé, je ne sais pourquoi, de renoncer à son voyage d'études.

• en utilisant un pronom personnel qui reprend ou annonce l'élément mis en relief ;

Et ton père ? qu'a-t-il dit, lui ?
Je ne sais pas où tu l'as mis, ton téléphone !

• à l'aide d'une tournure présentative : *voici/voilà ... que, c'est ... qui/que, il y a ... qui/que* ;

C'est ce modèle que je veux. [plutôt que : *Je veux ce modèle.*]

▶ On peut également le **répéter**. Si l'élément répété est placé en tête de phrase ou de proposition, on parle d'anaphore*.

Toi, ma plume d'or, va sur la feuille, va au hasard [...], va ton lent cheminement irrégulier...

Albert Cohen, *Le Livre de ma mère*, 1954.

2 Pourquoi utiliser des procédés d'insistance ?

▶ Les procédés d'insistance **mettent en relief** un élément de la phrase, ils en soulignent l'importance. Attirant l'attention du lecteur sur cet élément, ils permettent d'interpréter la visée d'un propos ou d'un texte.

▶ Ils possèdent aussi une dimension argumentative : on les utilise pour **renforcer une idée**.

UN SCHÉMA POUR RETENIR

Mettre un élément en valeur
- → le **détacher** →
  - entre virgules
  - à l'aide d'un pronom
  - à l'aide d'une tournure présentative
- → le **répéter** →
  - répétition simple
  - anaphore (en début de phrase)

METTRE EN PRATIQUE

Interpréter des procédés d'insistance

La méthode

1. Repère les procédés d'insistance.
2. Isole les éléments qu'ils mettent en valeur.
3. Interprète les intentions du locuteur au vu des éléments mis en valeur.

L'exemple commenté

Analysons les procédés d'insistance dans l'extrait suivant, pour déterminer les intentions du locuteur.

> LE GARDE, *gueule.*
>
> On n'a pas parlé, chef, je vous le jure ! Mais, moi, j'étais ici et peut-être que les autres, ils l'ont déjà dit à la relève... (*Il sue à grosses gouttes, il bafouille.*) Chef, j'ai deux enfants. Il y en a un qui est tout petit. Vous témoignerez pour moi que j'étais ici, chef, devant le conseil de guerre. J'étais ici, moi, avec vous ! J'ai un témoin ! Si on a parlé, ça sera les autres, ça ne sera pas moi ! J'ai un témoin, moi !
>
> ■ Jean Anouilh, *Antigone*, © Éditions de la Table ronde, 1946.

1. On repère : des éléments détachés entre virgules, une tournure présentative, des pronoms personnels accentués et des répétitions.

2. Les éléments mis en valeur sont : « moi », « chef », « un [enfant] tout petit », « témoin ».

3. L'intention du garde est donc de se disculper et d'obtenir la protection du roi Créon : il lui témoigne son respect (« chef »), met en avant sa situation de père de famille (« tout petit ») et insiste sur son innocence (« témoin »).

À TON TOUR !

Réécris le texte suivant en utilisant des procédés d'insistance pour lui donner plus de force.

> Vous ignorez ce que c'est que d'être seul contre tous, sans pouvoir se défendre ni répondre aux insultes et aux moqueries incessantes. Mais sachez que ceux qui se déchaînent à plusieurs contre un seul sont des faibles et des lâches. Je suis au-dessus de tout cela. Un jour vous regretterez vos injures mais il sera trop tard...

Commence par identifier les éléments que tu veux mettre en valeur.

CORRIGÉ p.146 D'AUTRES EXERCICES : fiches 33 et 34

Quiz express

Vérifie que tu as bien retenu les points clés des **fiches 30 à 32**

33

Réponds à chacun des quiz, puis résous l'énigme.

Comprendre le fonctionnement de la phrase simple

1 Qu'est-ce que le type d'une phrase ?

Fiche 30

Relie chaque type de phrase à sa définition.

1. interrogative •	• expose un fait, une opinion
2. exclamative •	• pose une question
3. déclarative •	• donne un conseil ou un ordre
4. injonctive •	• exprime un sentiment

2 Distinguer les types de phrase

Fiche 30

Coche à quel(s) type(s) appartiennent les phrases suivantes.
Attention, l'une d'elles relève de deux types !

	décl.	interr.	excl.	inj.
1. As-tu vu Naomi ?	☐	☐	☐	☐
2. Mets la table s'il te plaît.	☐	☐	☐	☐
3. Je ne sais pas quoi dire.	☐	☐	☐	☐
4. Pas de problème.	☐	☐	☐	☐
5. Ne fais pas ça !	☐	☐	☐	☐

3 Analyser la structure d'une phrase simple

Fiche 30

Dans chaque phrase, encadre le verbe conjugué, puis souligne en rouge le sujet et en bleu le ou les compléments de verbe (CO).

1. Je prends mon temps.

2. Le facteur a-t-il oublié d'apporter le colis ?

3. Nous vous avons appelés plusieurs fois.

4. Elle souhaite s'en aller.

4 Identifier des reprises nominales

Fiche 31

Dans l'extrait suivant, souligne les reprises du mot en gras.

> Comme l'étranger, au son du phonographe, proposait à **Vinca** de lui apprendre le *balancello*, Philippe se glissa dehors [...]. Une Vinca nouvelle, pleine d'insolence voluptueuse, persistait sous ses paupières fermées, Vinca coquette, bien armée, accrue tout à coup d'une chair ronde, Vinca méchante et rebelle à souhait...
>
> – Phil ! mon Phil ! Je te cherchais... Qu'est-ce que tu as ?
>
> La séductrice, haletante, était auprès de lui.
>
> ■ Colette, *Le Blé en herbe* (1923), © Éditions Flammarion.

5 Les procédés d'insistance

Fiche 32

Dans l'extrait suivant, surligne les procédés d'insistance et souligne les mots qu'ils mettent en valeur.

> Tu sais, Lou, si ça ne se passe pas bien, si No ne respecte pas notre vie à nous, si maman et moi on se dit que ce n'est pas bien pour toi, que ça te met en danger, elle ne pourra pas rester. C'est ce que je lui ai dit.
>
> ■ Delphine de Vigan, *No et moi*, 2007, © Éditions J.-C. Lattès.

ÉNIGME

Complète la grille à l'aide des définitions suivantes pour trouver le mot vertical.

1. Type de phrase qui exprime un sentiment.
2. Synonyme de « terme ».
3. Signe de ponctuation qui encadre une information secondaire.
4. Désigne le jour qui précède aujourd'hui.
5. Répétition d'un élément en début de proposition ou de phrase.
6. Désigne une phrase qui ne comporte qu'un seul verbe conjugué.
7. Antonyme d'« implicite ».

1
2
3
4
5
6
7

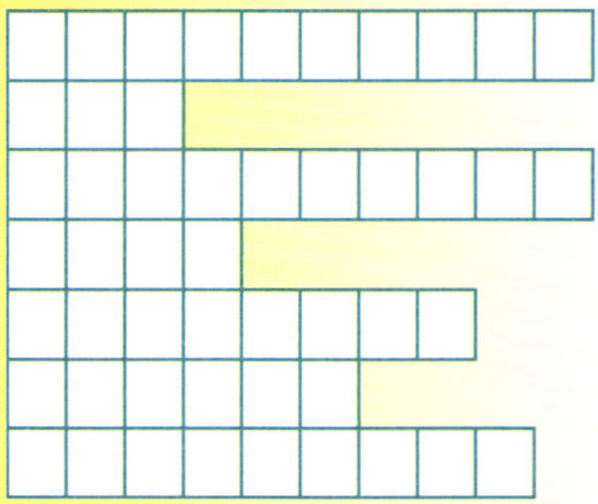

1. exclamatif • 2. mot • 3. parenthèse • 4. hier • 5. anaphore • 6. simple • 7. explicite
Mot vertical : emphase.

Reporte-toi aux corrigés p. 146 et calcule ton score.

Score : .../26

Contrôle continu

À l'aide de ces exercices, prépare tes contrôles portant sur les **fiches 30 à 32**

34

Comprendre le fonctionnement de la phrase simple

exercice 1 Construire une phrase simple (5 mn)

Enrichis progressivement la phrase suivante en respectant les consignes données.

Marwan écrit.

1. Ajoute un COD. ....
2. Ajoute un COS. ....
3. Ajoute un CC de lieu. ....
4. Ajoute un CC de temps. ....

exercice 2 Construire une phrase interrogative (5 mn)

Transforme les phrases suivantes en phrases interrogatives.

1. Tu as raté ton bus.

....

2. Les élèves de troisième font un stage.

....

3. Le jardin a été arrosé.

....

4. Ce guide de voyage est illustré de belles photographies.

....

5. Vous avez corrigé vos textes.

....

exercice 3 Désigner un personnage de manière variée (10 mn)

Lis la fiche 60 sur *Antigone*, d'Anouilh, puis invente au moins cinq reprises nominales qui puissent désigner cette héroïne.

....

....

....

exercice 4 Employer des reprises nominales et pronominales

10 mn

Propose des reprises nominales ou pronominales pour éviter de répéter « Monsieur Chabre ».

« Le grand chagrin de Monsieur Chabre était de ne pas avoir d'enfant. .... (reprise pronominale) avait épousé une demoiselle Catinot, de la maison Desvignes et Catinot, la blonde Estelle, grande belle fille de dix-huit ans ; et, depuis quatre ans, ... (reprise nominale) attendait, anxieux, [...]

.... (reprise nominale) était un ancien marchand de grains retiré. .... (reprise pronominale) avait une belle fortune. »

■ D'après Émile Zola, « Les coquillages de Monsieur Chabre » (1884).

exercice 5 Utiliser des procédés d'insistance

15 mn

Voici un court paragraphe argumentatif qui dénonce l'impact négatif de l'homme sur la nature. Réécris-le en ajoutant des procédés d'insistance variés pour le rendre plus percutant.

> L'homme est responsable de la pollution de notre planète. Il utilise des industries polluantes, coupe des milliers d'arbres et souille les océans. Exploiter la nature et ses ressources est tout ce qui compte pour l'homme.

....

....

....

....

Utilise au moins un présentatif et une anaphore.

Reporte-toi aux corrigés p. 147 et évalue-toi.

Bilan

	J'ai réussi		*Fiche à revoir*
Exercice **1**	❑ oui 🙂	❑ non ☹	**Fiche 30**
Exercice **2**	❑ oui 🙂	❑ non ☹	**Fiche 30**
Exercice **3**	❑ oui 🙂	❑ non ☹	**Fiche 31**
Exercice **4**	❑ oui 🙂	❑ non ☹	**Fiche 31**
Exercice **5**	❑ oui 🙂	❑ non ☹	**Fiche 32**

Utiliser des propositions subordonnées complétives

35

La subordonnée complétive est une proposition qui complète le verbe de la proposition principale.

L'ESSENTIEL

1 La subordonnée complétive conjonctive

▶ La subordonnée complétive conjonctive est introduite le plus souvent par la **conjonction de subordination *que***. Elle est alors COD du verbe de la proposition principale (pour les autres fonctions, voir « Un schéma pour retenir »).

Je ne veux pas [qu'il m'en veuille].
[La proposition entre crochets est le COD du verbe « veux », qu'elle complète.]

▶ Elle complète des verbes d'opinion (*penser, savoir*…), de déclaration (*affirmer, dire*…), de perception (*sentir, s'apercevoir*…), de souhait (*vouloir, désirer*…) ou de crainte (*craindre, redouter*…), de sentiment (*regretter, s'étonner*…).

▶ Selon que le fait exposé par la subordonnée complétive conjonctive est certain ou éventuel, on emploie l'indicatif ou le subjonctif.

Je sais qu'elle viendra. [fait certain exprimé au futur de l'indicatif]
Je crains qu'elle ne vienne pas. [fait éventuel exprimé au présent du subjonctif]

2 La subordonnée complétive interrogative indirecte

La subordonnée interrogative indirecte est introduite par la **conjonction de subordination *si* ou** par un **mot interrogatif** (*quel, pourquoi, comment*…). Elle suit un verbe exprimant une interrogation (*demander, ignorer*…), dont elle est le COD.

Il se demande [si elle a reçu son SMS]. J'ignore [comment il s'appelle].
[Dans les deux phrases, la proposition entre crochets est COD du verbe encadré.]

UN SCHÉMA POUR RETENIR

Les principales fonctions de la subordonnée complétive conjonctive

- **COD** : *Je souhaite [que tu puisses venir].*
- **sujet** : *[Que tu puisses venir] me réjouit.*
- **COI** : *Je me réjouis [de ce que tu puisses venir].*
- **complément du nom** : *L'idée [que tu puisses venir] me réjouit.*
- **attribut du sujet** : *Le plus réjouissant est [que tu puisses venir].*

METTRE EN PRATIQUE

Passer du discours direct au discours indirect

La méthode

1. Repère les pronoms, les verbes et les adverbes liés à la situation d'énonciation.
2. Élimine toute ponctuation expressive et toute marque de l'oralité (interjection, langage familier…).
3. Réécris les paroles au discours indirect en commençant par un verbe de parole au passé et en effectuant les modifications nécessaires.

L'exemple commenté

Axelle doit réécrire le passage suivant au discours indirect.

> *No voulait voir sa mère mais celle-ci ne lui a pas ouvert la porte. Lou la réconforte.*
>
> « ~~Tu sais~~, les histoires entre les parents et les enfants, ~~c'est~~ toujours plus compliqué. **On est** ensemble, **toi et moi**, ~~hein ? Oui ou non ?~~ C'**est toi** qui l'**a dit**. **Viens** avec **moi**. ~~Allez !~~ **Lève-toi**, **on** s'en **va** d'**ici**. »
>
> ■ Delphine de Vigan, *No et moi*, © J.-C. Lattès 2007.

1. Axelle surligne tout ce qui est lié à la situation d'énonciation.

2. Elle barre les marques de l'oralité pour éviter de les retranscrire.

3. Elle réécrit le paragraphe en ajoutant des verbes introducteurs de parole et en transformant ce qu'elle a surligné.

> Lou déclara que les histoires entre les parents et les enfants étaient toujours plus compliquées, qu'elles étaient ensemble, que c'était elle qui l'avait dit. Elle lui dit de venir avec elle, de se lever, qu'elles s'en allaient de là.

À TON TOUR !

Transpose au discours indirect les propos suivants en commençant par « Le père de Lou lui demanda… ».

> Pourquoi vous êtes toujours fourrées chez Lucas ? Pourquoi tu n'invites jamais tes amis à la maison ? Pourquoi tu ne veux pas que je monte te chercher ? Pourquoi tu nous fais attendre vingt minutes alors que je t'ai appelée pour te prévenir qu'on partait ?

Pense à gommer les marques du niveau de langue familier employé par le père.

CORRIGÉ p.147   D'AUTRES EXERCICES : fiches 40 et 41

Utiliser une subordonnée circonstancielle de temps

36

Dans un récit, indiquer la chronologie des faits est primordial : on utilise pour cela des adverbes, des groupes nominaux, mais aussi des subordonnées circonstancielles de temps.

L'ESSENTIEL

1 La subordonnée circonstancielle de temps

▶ La subordonnée circonstancielle de temps est introduite par une conjonction de subordination exprimant le temps : *quand, lorsque, après que, dès que, aussitôt que...*

[Lorsque j'aurai fini de lire ce livre], je te le prêterai.

▶ Elle précise le moment où s'accomplit l'action exprimée par la proposition principale. Le plus souvent, on peut la supprimer ou la déplacer. Sa fonction est **complément circonstanciel de temps**.

Dès qu'ils ont entendu le début du générique, ils se sont précipités sur le canapé. [On peut supprimer la subordonnée ou la déplacer en fin de phrase.]

2 Exprimer le rapport chronologique des actions

▶ La subordonnée circonstancielle de temps situe l'action de la principale par rapport à une autre action, antérieure, simultanée ou postérieure.

Après que la pluie a cessé [action antérieure à celle de la principale], nous sommes sortis.
Elle a préparé le gâteau pendant que vous jouiez [action simultanée à celle de la principale].
Avant que tu partes [action postérieure à celle de la principale], je dois te parler.

▶ Pour comprendre la chronologie des faits, fie-toi à la signification des propositions, non à leur ordre.

Je te prêterai ce livre lorsque j'aurai fini de le lire. [L'action de la subordonnée de temps précède dans le temps celle de la principale, pourtant placée avant.]

UN SCHÉMA POUR RETENIR

La subordonnée de temps exprime...
- → l'antériorité → *quand, après que, aussitôt que, depuis que...*
- → la simultanéité → *comme, quand, tandis que, au moment où...*
- → la postériorité → *avant que, en attendant que, jusqu'à ce que...*

METTRE EN PRATIQUE

Préciser les circonstances temporelles d'un récit

LA MÉTHODE

1. Définis le cadre temporel à l'aide de GN ou de groupes prépositionnels.
2. Situe les événements les uns par rapport aux autres grâce à des propositions subordonnées circonstancielles de temps.
3. Pense aux propositions infinitives et participiales pour éviter les lourdeurs. (*Une fois le spectacle terminé* plutôt que *Une fois que le spectacle fut terminé.*)

L'EXEMPLE COMMENTÉ

Tu pars en voyage et découvres un lieu qui t'enthousiasme. Relate ton expérience dans l'ordre chronologique, en utilisant des compléments circonstanciels de temps variés.

Voici le début du devoir de Romain sur ce sujet de rédaction.

> Sitôt mon billet réservé, je me mis à compulser les guides touristiques. L'attente à l'aéroport et le long vol ne furent qu'excitation. Quand l'avion a atterri, en fin de soirée, je n'arrivais pas à y croire : j'étais à New York ! J'allais enfin découvrir la ville dont j'avais toujours rêvé. Le lendemain matin, après avoir passé une nuit reposante à l'hôtel, je dirigeai mes pas tout droit vers Central Park...

Romain a utilisé à la fois des groupes prépositionnels et différents types de subordonnées circonstancielles de temps : à l'indicatif, mais aussi à l'infinitif ou au participe passé lorsque c'était possible.

À TON TOUR !

Michel Onfray évoque les moments passés aux champs avec son père, un ouvrier agricole taciturne et courageux.

> Lorsque je l'aidais, dans le petit champ qu'il cultivait, notamment à l'époque où il fallait planter les pommes de terre ou les arracher avec une binette et un lourd panier en fil de fer que je traînais derrière moi, je ne cessais de lui poser des questions. Il ne cessait de me demander d'être un peu silencieux avec une gamme qui allait de la gentillesse bienveillante, au début, à l'énervement malgré tout contenu, à la fin.

■ Michel Onfray, *Le Corps de mon père*, 2009, © Éditions Hatier.

a. Repère et souligne les quatre compléments circonstanciels de temps.

b. En quoi les précisions qu'ils apportent sont-elles intéressantes ?

Relis l'extrait en supprimant ces compléments circonstanciels : que perd-on ?

CORRIGÉ p.147 D'AUTRES EXERCICES : fiches 40 et 41

Exprimer une relation de cause ou de conséquence

37

Lorsqu'on explique un fait ou qu'on argumente, on a besoin d'exposer les causes et les conséquences du fait exposé. La proposition subordonnée circonstancielle s'avère alors être un outil précieux.

L'ESSENTIEL

1 La subordonnée circonstancielle de cause

▶ La subordonnée circonstancielle de cause exprime **la raison ou le motif** d'un fait énoncé dans la principale. Elle est introduite par une conjonction de subordination ou une locution conjonctive : *parce que, puisque, comme, vu que, étant donné que...*

> J'ai accepté de l'aider [parce qu'il me l'a demandé poliment].
> [Vu que tu es bon en maths], tu n'as pas besoin de réviser énormément.

▶ La cause précède toujours chronologiquement le fait qu'elle provoque. Ainsi, l'action de la subordonnée circonstancielle de cause précède dans le temps l'action de la proposition principale, même si celle-ci est placée avant la subordonnée.

> [Nous ne jouerons plus avec vous] [parce que vous trichez à chaque fois] !
> [conséquence] [cause]

2 La subordonnée circonstancielle de conséquence

La subordonnée circonstancielle de conséquence exprime **l'effet ou le résultat** d'un fait énoncé dans la principale. Elle est introduite par une locution conjonctive (*si bien que, de sorte que, au point que…*) ou par la conjonction *que* corrélée à un adverbe d'intensité (*si, tellement, tant*).

> Il me l'a demandé poliment, [de sorte que j'ai accepté de l'aider].
> Tu es si bon en maths [que tu n'as pas besoin de réviser énormément].

UN SCHÉMA POUR RETENIR

Quelles conjonctions ou locutions conjonctives utiliser ?

Pour exprimer la cause :
comme, parce que, puisque, vu que, du moment que, étant donné que, sous prétexte que + indicatif

Pour exprimer la conséquence :
- *si bien que, de (telle) sorte que, au point que, tellement … que* + indicatif ou conditionnel
- *trop/assez … pour que, de façon que, sans que* + subjonctif

METTRE EN PRATIQUE

Exprimer la cause et la conséquence dans une argumentation

LA MÉTHODE

1. Utilise des conjonctions ou des locutions conjonctives exprimant la cause pour introduire tes arguments ou les justifier.
2. Utilise des conjonctions ou des locutions conjonctives exprimant la conséquence pour analyser tes exemples et tirer des conclusions.
3. Pense aussi à employer des connecteurs logiques (*en effet, par conséquent, ainsi...*).

L'EXEMPLE COMMENTÉ

Voici le début du devoir de Valentine sur le sujet : « Les nouvelles technologies rendent-elles les hommes plus heureux ? » (→ FICHE 10).

> [Les nouvelles technologies contribuent à rendre les hommes plus heureux] (1) [parce qu'elles simplifient le quotidien] (2). En effet, [elles accomplissent des actions complexes à notre place] (3). Par exemple, [un GPS calcule en quelques secondes le meilleur itinéraire pour se rendre quelque part] (4), [si bien que le conducteur n'a qu'à se laisser guider] (5). [Les hommes sont ainsi déchargés de certaines tâches] (6), [de sorte qu'ils peuvent consacrer plus de temps à d'autres activités] (7).

1. Causes : (2) [justifie la thèse* (1)], (3) [justifie l'argument (2)].

2. Conséquences : (5) [analyse de l'exemple (4)], (6) [conséquence de (3) et (5), synthèse], (7) [conséquence de (6), approfondissement].

À TON TOUR !

L'éducation des enfants doit-elle être autoritaire ? Rédige un paragraphe argumentatif sur ce sujet en mettant les cinq phrases suivantes dans l'ordre et en les reliant par des connecteurs logiques.

1. Un enfant n'a pas toujours conscience de mal agir.
2. C'est le rôle des parents d'apprendre à leur enfant ce qui est bon ou mauvais pour lui.
3. Les parents doivent faire preuve d'autorité envers leurs enfants.
4. Les parents doivent protéger un enfant de ce qui pourrait lui nuire.
5. Certaines situations ne paraissent pas dangereuses à un enfant.

La première phrase de ton paragraphe doit répondre à la problématique.

CORRIGÉ p. 147 D'AUTRES EXERCICES : fiches 40 et 41

Exprimer une relation d'opposition entre deux propositions

38

Une proposition subordonnée circonstancielle peut exposer un fait en contradiction avec celui énoncé dans la proposition principale : il s'agit d'une relation d'opposition.

L'ESSENTIEL

1 La subordonnée circonstancielle d'opposition

▶ La subordonnée circonstancielle d'opposition pose un fait qui **s'oppose** à celui de la principale. Elle est introduite par une conjonction ou une locution conjonctive (*bien que, quoique, sans que, même si, alors que, quand…*) suivie du subjonctif ou de l'indicatif.

[Alors qu'il n'a pas étudié cette langue], il comprend un peu l'italien.
Tu dois lui parler [même si elle est en colère].

▶ Quand la réalité d'un fait, la validité d'une idée n'entraîne pas la conséquence attendue, on parle de **concession**.

[Bien que ton raisonnement soit convaincant], je ne suis pas d'accord avec toi.
[Cela revient à dire : « Oui, mais... ».]

2 Quel mode employer ?

Le mode dans la subordonnée d'opposition ou de concession dépend de la conjonction ou de la locution conjonctive utilisée.

conjonctions/locutions conjonctives	mode dans la subordonnée	exemples
alors que, tandis que, même si, quand...	indicatif	[Même s'il n'est pas sans danger], ce sport me plaît.
quand bien même, alors (même) que...	conditionnel	[Alors que j'aurais pu réussir ce devoir], je n'ai pas eu le temps de le finir.
bien que, quoique, sans que, au lieu que...	subjonctif	La nuit est tombée [sans que je m'en aperçoive].

UN SCHÉMA POUR RETENIR

Ne pas confondre

Enzo est allé au cinéma [alors qu'il devait rester à la maison]. → subordonnée d'opposition (*alors que = bien que*)

Enzo est allé au cinéma [alors que ses parents n'étaient pas là]. → subordonnée de temps (*alors que = pendant que*)

METTRE EN PRATIQUE

Distinguer *quoique* et *quoi que*

La méthode

1. Si tu peux remplacer la conjonction par « bien que », écris *quoique* en un seul mot.
2. Dans le cas contraire, écris *quoi que* (= « quel que soit ce que »).
Dans les deux cas, pense à mettre le verbe qui suit au subjonctif.

L'exemple commenté

Lise doit imaginer la lettre qu'un jeune homme adresse à ses parents pour leur annoncer son intention de partir pendant un an à l'étranger.

Chère Maman, cher Papa,
Quoique je ne vous en aie jamais parlé jusqu'à présent, je mûris depuis plusieurs mois un projet qui me tient à cœur. J'aimerais prendre une année sabbatique pour voyager et découvrir le monde.
J'appréhende un peu votre réaction, mais quoi que vous craigniez, j'espère que je saurai vous rassurer. Quoi qu'il en soit, nous pourrons en discuter de vive voix lorsque nous nous verrons le week-end prochain.
Je vous embrasse,
Stéphane

= « Bien que je ne vous en aie jamais parlé... »

On ne peut pas dire « bien que vous craigniez » ni « bien qu'il en soit ».

Lise a bien conjugué les verbes au subjonctif après *quoique* et *quoi que*.

À TON TOUR !

Complète les phrases suivantes en utilisant *quoique* ou *quoi que*.

1. .... tu fasses, nous t'apporterons toujours notre soutien.
2. Nous nous inquiétons pour toi, ... nous te sachions raisonnable.
3. .... ton projet semble mûrement réfléchi, nous avons encore quelques questions.
4. Sache que si tu as besoin de .... ce soit, nous sommes là.
5. .... il en soit, nous sommes fiers de te voir aussi enthousiaste et déterminé.

Demande-toi pour chaque phrase si tu peux utiliser *bien que*.

CORRIGÉ p.148 D'AUTRES EXERCICES : fiches 40 et 41

Exprimer une relation de condition entre deux propositions

39

La subordonnée circonstancielle de condition expose un fait ou une action nécessaire à la réalisation du fait ou de l'action exposée dans la principale.

L'ESSENTIEL

1 La subordonnée circonstancielle de condition

▶ La subordonnée circonstancielle de condition expose un fait – l'**hypothèse** – qui conditionne la réalisation de celui exprimé par la principale. Elle est introduite le plus souvent par la conjonction *si* ; elle peut aussi l'être par une locution conjonctive (*pourvu que, au cas où, à moins que, à supposer que, pour peu que...*).

[Si je réussis mon examen], mes parents m'offriront un beau cadeau.

▶ Certaines subordonnées circonstancielles de condition exposent deux hypothèses, introduites par *suivant/selon que ... ou*, ou *soit que ... soit que*.

[Selon que vous serez puissant ou misérable],
Les jugements de Cour vous rendront blanc ou noir.
■ Jean de La Fontaine, « Les Animaux malades de la peste », *Fables*, VII, 1

2 Quel mode employer ?

▶ Introduite par *si*, la subordonnée circonstancielle de condition est **toujours à l'indicatif**. Le temps utilisé dépend de la manière dont l'hypothèse est envisagée (voir « Un schéma pour retenir »).

▶ Introduite par une locution conjonctive, elle peut être :

- à l'**indicatif**, après *selon que, suivant que...*
- au **conditionnel**, après *au cas où, dans l'hypothèse où, quand bien même...*
- au **subjonctif**, après *pourvu que, pour peu que, à moins que...*

UN SCHÉMA POUR RETENIR

La concordance des temps dans le système hypothétique

METTRE EN PRATIQUE

Exprimer la condition en employant le mode qui convient

La méthode

1. Utilise des conjonctions et des locutions conjonctives variées.
2. Avec *si*, respecte la concordance des temps selon la manière dont l'hypothèse est envisagée (voir « Un schéma pour retenir », p. 85).
3. Vérifie que tu n'as pas employé l'indicatif après une conjonction qui appelle le subjonctif (→ FICHE 50).

L'exemple commenté

Thomas doit imaginer la réponse d'Antigone à Créon qui lui a interdit d'enterrer son frère Polynice. Il utilise des subordonnées de condition.

Je sais [ind.] que je suis condamnée si j'enterre mon frère. Mais je m'en voudrai [ind.] toute ma vie si je ne l'enterre pas. Il n'est plus celui qui a combattu Thèbes, il est mon frère mort, dont l'ombre erre en attendant le repos. Vous me laisserez la vie sauve à condition que je promette [subj.] de le laisser sans sépulture ? Je ne le peux pas. Il ne vous est rien, il est mon frère, à moi. S'il n'avait pas voulu s'emparer du trône de Thèbes, il n'aurait pas été tué [cond.]. Mais le destin en a voulu autrement. À moins que vous ne m'arrêtiez [subj.] maintenant, j'irai enterrer Polynice. Peu m'importe de mourir, pourvu que mon frère soit [subj.] enseveli.

Lorsque l'hypothèse est envisagée comme probable, le verbe de la principale est à l'indicatif ; lorsqu'elle porte sur un fait passé qui ne s'est pas réalisé, le verbe de la principale est au conditionnel.

À TON TOUR !

Lis l'extrait d'*Antigone*, de Jean Anouilh, reproduit dans la fiche 60, p. 127.

a. Identifie le mode et le temps des verbes en rose dans ces phrases.

1. « Si tu te tais maintenant, si tu renonces à cette folie, j'ai une chance de te sauver. »

2. « Est-ce que tu n'as jamais pensé que si c'était un être que tu aimais vraiment, qui était là, couché dans cette boîte, tu te mettrais à hurler tout d'un coup ? »

b. Que peux-tu en conclure sur chacune des hypothèses envisagées ?

Pour bien comprendre la phrase 2, relis attentivement la réplique précédente de Créon.

CORRIGÉ p.148   D'AUTRES EXERCICES : fiches 40 et 41

Quiz express

Vérifie que tu as bien retenu les points clés des **fiches 35 à 39**

40

Réponds à chacun des quiz, puis résous l'énigme.

Comprendre le fonctionnement de la phrase complexe

1 Les subordonnées complétives

Fiche 35

Souligne en bleu les propositions subordonnées conjonctives et en rouge les interrogatives indirectes.

1. Nous ne savons pas ce qui lui a pris.

2. Je lui ai demandé s'il avait aimé ce roman.

3. Mon oncle m'a promis qu'il me prendrait en stage dans son entreprise.

4. Elle veut que tu l'accompagnes chez le médecin.

5. Lise veut savoir comment ce film se termine.

2 Reconnaître les marques du discours direct

Fiche 35

Dans le court dialogue qui suit, souligne en rouge les marques du discours direct (mots et signes de ponctuation) qui n'apparaîtraient pas dans une réécriture au discours indirect.

> Souleymane hésitait :
> « Oh là là… qu'est-ce que je vais bien pouvoir choisir comme stage ?
> – Tu n'as aucune idée ? lui demanda Jeanne.
> – Si, au contraire, répondit Souleymane. J'hésite entre un cabinet de vétérinaire, un centre de kinésithérapie et une boutique d'articles de sport.
> – Eh bien, c'est vraiment varié ! Tu n'as pas de préférence ?
> – En fait, si. Même si j'adore le sport, c'est le métier de vétérinaire qui m'intéresse le plus, donc bon, c'est sans doute le meilleur choix. »

3 Exprimer la cause

Fiche 37

Coche les phrases qui contiennent une subordonnée circonstancielle de cause.

1. ☐ Émile n'est pas venu **parce qu'il redoutait de revoir Julie**.

2. ☐ Elle fut déçue de son attitude **si bien qu'elle ne souhaite pas l'inviter à son anniversaire**.

3. ☐ Comme vous avez bien compris la précédente leçon, nous passons à une notion plus difficile.

4. ☐ Le premier tome de cette saga m'a tellement plu que j'ai immédiatement acheté toute la série.

4 *Quoi que* ou *quoique* ?

Fiche 38

Raye la forme incorrecte.

1. Quoi qu' / Quoiqu' il advienne, je ne t'abandonnerai pas.
2. Quoi que / Quoique j'aie manqué le début du film, j'en ai tout de même compris l'intrigue.
3. Le professeur souhaite emmener ses élèves à Berlin quoi qu' / quoiqu' il ne sache pas encore s'il le pourra.
4. Quoi que / Quoique tu désires accomplir, mets-y toute ton énergie !

5 Utiliser le temps et le mode qui conviennent après *si*

Fiche 39

Coche la forme verbale qui convient.

1. Nous irons à Étretat s'il ne ☐ pleut ☐ pleuvait pas ce week-end.
2. Je réussirais mes examens si tu ☐ révises ☐ révisais avec moi.
3. Si ☐ j'avais su ☐ j'aurais su que tu venais dîner, ☐ j'aurai préparé ☐ j'aurais préparé ton dessert préféré.
4. Élisabeth t'accompagnerait à la patinoire si elle ☐ n'avait pas ☐ n'avait pas eu tant de retard dans ses devoirs.

ÉNIGME

Parviens-tu à lire le message suivant ?

Noitanidrobus al reinam riovas tuaf li,
eésnep as ed étixelpmoc al erdner ruop.

Pour rendre la complexité de sa pensée, il faut savoir manier la subordination.

Reporte-toi aux corrigés p. 148 et calcule ton score.

Score : .../24

Contrôle continu

41

À l'aide de ces exercices, prépare tes contrôles portant sur les fiches 35 à 39

Comprendre le fonctionnement de la phrase complexe

exercice 1 Transposer au style indirect (10 mn)

Transpose au style indirect ces paroles rapportées au style direct, en commençant par « Sophie déclara… ». Tu déduiras toi-même du discours direct les verbes de parole à employer.

« Écoute, tu peux te confier à moi. Je te promets que je ne révèlerai ton secret à personne. Que crains-tu ? Je ne vais ni répéter ce que tu me diras ni te juger. Je t'en prie, confie-toi à moi. Nous sommes amis, ne l'oublie pas ! »

....

....

....

....

exercice 2 Conjuguer les verbes dans les subordonnées de temps (10 mn)

Dans le texte suivant, conjugue les verbes des subordonnées de temps au temps qui convient.

Une fois que tous les bagages .... (*être fait*), la tribu se mit en marche à travers le désert. Hommes, femmes, enfants, tous étaient épuisés. Après qu'ils .... (*marcher*) plus de dix jours, ils arrivèrent près d'une oasis. Là, un berger leur dit qu'en continuant vers l'ouest, ils trouveraient un village. Lorsqu'ils y .... (*parvenir*) enfin, ils comprirent que le village avait été pillé et abandonné. Pendant les semaines qui .... (*suivre*), l'installation se fit naturellement. Le village devint peu à peu le leur.

exercice 3 Exprimer la cause et la conséquence (10 mn)

Transforme les phrases suivantes pour faire apparaître des subordonnées de conséquence.

Ex. : *Je prends un taxi parce que je n'ai pas envie de marcher.*
→ *Je n'ai pas envie de marcher de sorte que je prends un taxi.*

1. J'ai lu ce roman en deux jours parce qu'il m'a captivée.

....

2. Comme il s'est toujours entraîné avec acharnement, cet athlète a remporté de nombreuses médailles.

....

3. Nous n'avons pas pu partir en Grèce étant donné que nous n'avions pas réservé nos vols assez tôt.

....

4. Puisque tu n'as pas tout noté, tu peux m'emprunter mon classeur.

....

exercice **4**

Exprimer la condition

10 mn

Reformule les phrases suivantes afin d'introduire une subordonnée de condition en *si*.

Demande-toi, pour chaque phrase, laquelle des deux actions conditionne la réalisation de l'autre.

1. Nous ne savions pas que ce monument était ouvert au public, sinon nous l'aurions visité.

....

2. Tu manques de temps libre, ce qui t'empêche de faire du sport.

....

3. Max m'aurait accompagné, mais il avait un match à disputer.

....

4. Suzanne n'aura peut-être pas cours le samedi : elle pourra s'inscrire au tennis.

....

Reporte-toi aux corrigés p. 149 et évalue-toi.

Bilan

	J'ai réussi		*Fiche à revoir*
Exercice **1**	❑ oui 🙂	❑ non ☹	**Fiche 35**
Exercice **2**	❑ oui 🙂	❑ non ☹	**Fiche 36**
Exercice **3**	❑ oui 🙂	❑ non ☹	**Fiche 37**
Exercice **4**	❑ oui 🙂	❑ non ☹	**Fiche 39**

Utiliser les temps du dialogue : présent, passé composé, futur

42

Le présent, qui exprime une action se déroulant au moment où l'on parle, est le temps de base du dialogue.

L'ESSENTIEL

1 Le présent, temps de base du dialogue

▶ Les terminaisons du présent de l'indicatif sont les suivantes.

	singulier	pluriel
Verbes du 1er groupe	-e, -es, -e	-ons, -ez, -ent
Verbes des 2e et 3e groupes	-s, -s, -t	
sauf : – la plupart des verbes en *-dre*	-ds, -ds, -d	
– *pouvoir, valoir, vouloir*	-x, -x, -t	

▶ Dans un dialogue, les locuteurs expriment au **présent de l'indicatif** ce qu'ils pensent, ressentent et font « ici et maintenant ».

■ « Que **comptes**-tu faire ? – Je ne **sais** pas, j'**hésite** encore. »

▶ Le dialogue exploite également le **présent d'autres modes**.

« Quelle option **devrais**-je choisir ? [conditionnel] **Conseille**-moi. [impératif]
– Il faut que tu **prennes** rendez-vous avec la conseillère d'orientation. »
[subjonctif]

2 Le passé composé et le futur simple

▶ Le **passé composé** est formé de l'auxiliaire *avoir* ou *être* conjugué au présent de l'indicatif, suivi du participe passé du verbe. Il exprime une action qui vient de s'achever et dont les conséquences sont en contact avec le présent.

■ Je **suis venu** dès que j'**ai appris** la nouvelle : je n'arrive pas à le croire !

▶ Les terminaisons du **futur** de l'indicatif sont *-rai, -ras, -ra, -rons, -rez, -ront* ; elles s'ajoutent au radical du verbe. Il est employé pour exprimer une action qui aura lieu dans l'avenir par rapport au présent du locuteur.

■ Que **ferez**-vous quand elle **apprendra** la vérité ?

UN SCHÉMA POUR RETENIR

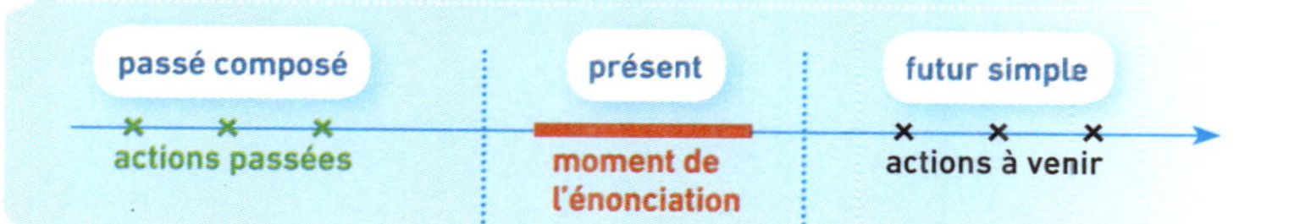

METTRE EN PRATIQUE

Accorder correctement les verbes dans un dialogue

LA MÉTHODE

1. Détermine le temps (présent, passé composé, futur) à employer, en fonction de ce qu'exprime le locuteur.
2. Identifie le sujet du verbe.
3. Accorde le verbe avec son sujet au temps qui convient.

L'EXEMPLE COMMENTÉ

Alyssa a écrit un dialogue dans lequel un père interdit une sortie à sa fille, jugeant qu'elle ne l'a pas méritée. La jeune fille tente de faire changer d'avis son père.

« Je te répète que tu n'~~ira~~ iras pas à cette soirée !
– S'il te plaît, papa, toutes mes copines y vont !
– Il ne s'agit pas d'elles : c'est toi qui ~~a~~ as oublié de faire ton devoir de maths, que je sache !
– Papa, je t'~~assures~~ assure que je n'aurai pas de mauvaise note : le professeur m'a donné un délai supplémentaire et je lui ai rendu le devoir ce matin. Alors, je ~~pourrais~~ pourrai y aller ?
– Bon… puisque tu as fait ton travail, tu peux y aller. »

Avec « tu », il faut toujours un *s*.

Le verbe s'accorde avec *qui*, dont l'antécédent est *toi*.

Verbe du 1er groupe : pas de *s* à la 1re pers. du singulier.

Alyssa a confondu le futur avec le conditionnel.

À TON TOUR !

Complète le dialogue ci-dessous en conjuguant les verbes entre parenthèses au mode, au temps et à la personne qui conviennent.

– Tu .... (*avoir*) une idée de cadeau pour l'anniversaire de Benji ?
– Oui, ... (*réfléchir, je*) et .... (*trouver, je*) une idée qui .... (*devoir*) lui plaire : des places de concert pour aller voir Nekfeu avec sa copine.
– Bonne idée ! Ils .... (*adorer*) tous les deux, je .... (*penser*) que ça leur .... (*faire*) plaisir ! Tu .... (*vouloir*) que je les .... (*prendre*) ou tu t'en .... (*occuper*) ?
– .... (*aimer, je*) bien que tu t'en .... (*charger*), moi je n' .... (*avoir*) pas le temps d'ici samedi.
Je te .... (*remercier*) de me l'avoir proposé !

CORRIGÉ p.149 D'AUTRES EXERCICES : fiches 46 et 47

Connaître les valeurs du présent de l'indicatif

43

Temps le plus employé dans la communication quotidienne, le présent présente une valeur d'actualité (→ FICHE 42)***.***
Mais il peut aussi prendre d'autres valeurs.

L'ESSENTIEL

1 Le présent d'énonciation

La principale valeur du présent est d'exprimer une **action qui se déroule au moment où parle le locuteur**. On l'appelle présent d'énonciation ou présent d'actualité.

Peux-tu arroser les plantes pendant que j'étends le linge ?
[Le locuteur exprime ce qu'il veut et ce qu'il fait au moment où il parle.]

2 Les autres valeurs du présent

▶ Le **présent d'habitude** exprime une action répétée, qui ne relève pas directement du moment de la parole.

Je fais de la danse tous les vendredis.

▶ Le **présent de vérité générale** évoque une action ou un phénomène intemporels, exprimés dans les proverbes, les définitions scientifiques, les textes de loi, etc.

« Tous les hommes naissent et demeurent libres et égaux en droits. »
■ Déclaration des droits de l'homme et du citoyen de 1789.

▶ Le **présent de narration** permet de rendre une action plus vivante, de la rattacher à l'actualité du lecteur. Il s'emploie à la place du passé simple dans un récit au passé.

Le guerrier nomade se trouvait face à son ennemi. Il se mit à courir vers lui et brandit sa lance. Mais son adversaire ne recule pas devant lui et, à son tour, lève sa lance qu'il s'apprête à jeter. [Les verbes au présent créent l'illusion que la scène est « présente », qu'elle se déroule sous nos yeux.]

UN SCHÉMA POUR RETENIR

METTRE EN PRATIQUE

Interpréter l'emploi du présent dans un texte

LA MÉTHODE

1. Relève les verbes conjugués au présent de l'indicatif.
2. Détermine à quel moment chaque action se déroule :
– au moment de l'écriture (ou du dialogue) : présent d'énonciation ;
– dans le passé : présent de narration ;
– régulièrement ou de tout temps : présent d'habitude ou de vérité générale.
3. Interprète l'usage que fait l'auteur des valeurs du présent.

L'EXEMPLE COMMENTÉ

Margaux analyse l'emploi du présent de l'indicatif dans cet extrait de *Autobiographie de ma mère*, de Michel Onfray.

Le narrateur accompagne sa mère à l'Assistance publique où elle prend connaissance du dossier qui révèle le secret de sa naissance.

Du trou noir dans lequel ma mère veut porter la lumière comme une occasion de découvrir des princes et des rois, des châteaux et des fées, des trésors et des promesses, il ne sort soudainement que des rats, de la vermine et des cancrelats. Là où elle espérait un peu de magie et de rêve, de mystère et de joie, la possibilité d'un peu de douceur et de paix, elle reçoit en plein visage la boue et la terre dont on fait les tombes. Elle pleure doucement ; je prends sa main, froide. [...] J'entends encore la vitesse bruyante du silence qui passa.

■ Michel Onfray, *Autobiographie de ma mère*, 2009, © Éditions Hatier.

Le choix du présent de narration pour raconter ce douloureux souvenir le réactualise. Le présent d'énonciation « j'entends » montre que cet épisode est encore présent à l'esprit du narrateur au moment où il écrit. Enfin, un présent de vérité générale apparaît au sein d'une métaphore* qui renvoie à la triste découverte par sa mère de ses origines.

À TON TOUR !

À l'instar de Michel Onfray, raconte un souvenir au présent de narration.

Tu inséreras dans ton texte, au présent d'énonciation, un ou deux commentaires que ce souvenir t'inspire aujourd'hui, ainsi qu'un présent de vérité générale.

Commence ton récit par « Je me souviens... » et utilise le passé simple pour situer ton texte dans le passé.

CORRIGÉ p. 149 D'AUTRES EXERCICES : fiches 46 et 47

Utiliser les temps du récit au passé

44

Dans un récit au passé, les temps les plus fréquemment employés sont le passé simple, l'imparfait et le plus-que-parfait.

L'ESSENTIEL

1 Les valeurs du passé simple

▶ Les terminaisons du passé simple sont les suivantes.

1er groupe	**-ai, -as, -a, -âmes, -âtes, -èrent**
2e groupe	**-is, -is, -it, -îmes, -îtes, -irent**
3e groupe	**-is, -is, -it, -îmes, -îtes, -irent**
	-us,-us, -ut, -ûmes, -ûtes, -urent
tenir, venir et leurs composés	**-ins, -ins, -int, -înmes, -întes, -inrent**

▶ Le passé simple ne s'emploie plus aujourd'hui qu'à l'écrit. Il exprime des **actions de premier plan**, successives et limitées.

Fou de joie, il **dévala** la pente, **courut** jusqu'à la maison, **ouvrit** la porte d'entrée avec fracas et **se précipita** à l'étage.

2 Les valeurs de l'imparfait et du plus-que-parfait

▶ L'**imparfait**, temps de l'arrière-plan, **décrit** le cadre du récit (personnages, lieux, objets). Il sert également à évoquer :

- des actions secondaires par rapport à l'action principale ;
- des actions en cours dont la durée est imprécise ;
- des actions habituelles ou qui se répètent.

Le ciel **était** clair, la lune **brillait** [imparfaits de description]. Les heures **s'écoulaient** [imparfait d'arrière-plan] lentement. Nous **marchions** [imparfait duratif] depuis plusieurs heures en direction du refuge, qui **restait** [imparfait d'habitude] ouvert toute la nuit pour accueillir les randonneurs.

▶ Le **plus-que-parfait** (*avoir* ou *être* à l'imparfait + participe passé du verbe), temps composé, exprime l'**antériorité** : il désigne une action qui s'est déroulée avant celles exprimées au passé simple ou à l'imparfait.

Il me montra le dessin qu'il **avait fait** : je le trouvai magnifique.

UN SCHÉMA POUR RETENIR

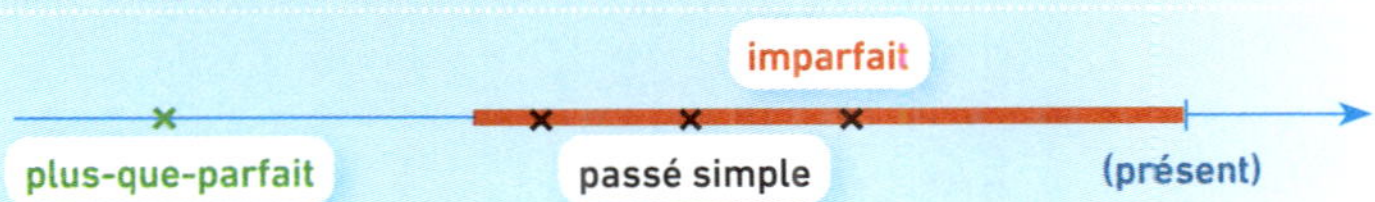

METTRE EN PRATIQUE

Utiliser les temps du passé de façon cohérente

LA MÉTHODE

1. Établis la chronologie des actions : principales, secondaires, antérieures aux actions principales.
2. Identifie les éléments de description ou d'arrière-plan.
3. Conjugue chaque verbe au temps qui convient.

L'EXEMPLE COMMENTÉ

Avant d'étudier *Antigone*, de Jean Anouilh, Éléa a rédigé un résumé du mythe d'Œdipe. Son professeur la félicite pour sa maîtrise des temps du récit.

Œdipe était le fils du roi de Thèbes, Laïos. Ce dernier avait appris [fait antérieur à *abandonna*] par l'oracle de Delphes que son propre fils le tuerait et qu'il épouserait sa mère. C'est pourquoi il l'abandonna dans la montagne. Devenu adulte, alors qu'il participait à un banquet [fait d'arrière-plan], Œdipe apprit qu'il n'était pas le fils du roi de Corinthe qui l'avait recueilli [fait antérieur à *apprit*]. À son tour, il consulta l'oracle qui lui fit la même réponse qu'à Laïos. Épouvanté, il s'enfuit de Corinthe : il croyait ainsi échapper à son destin [fait d'arrière-plan].

Éléa utilise le passé simple pour les actions principales, l'imparfait pour les faits d'arrière-plan et le plus-que-parfait pour les actions antérieures à celles au passé simple.

À TON TOUR !

Voici la suite du texte d'Éléa : recopie-le en conjuguant les verbes entre parenthèses aux temps qui conviennent.

Sur la route, Œdipe (*rencontrer*) l'équipage d'un voyageur avec lequel il (*se disputer*) et qu'il (*tuer*). Il (*venir*) d'accomplir la première partie de la prophétie puisque le voyageur (*être*) le roi Laïos. Arrivé aux portes de Thèbes, Œdipe (*savoir*) répondre à la question du Sphinx qui (*terroriser*) les habitants et les en (*débarrasser*). En récompense, la cité lui (*offrir*) le trône et la main de la reine Jocaste, veuve du roi Laïos qui (*être tué*) peu de temps auparavant. La deuxième partie de la prophétie (*se réaliser*) : Œdipe (*épouser*) sans le savoir sa propre mère.

Un seul verbe est au plus-que-parfait.

CORRIGÉ p.150 D'AUTRES EXERCICES : fiches 46 et 47

Reconnaître et conjuguer un verbe pronominal

45

Un verbe pronominal est un verbe précédé d'un pronom personnel réfléchi, c'est-à-dire un pronom qui renvoie à la même personne que le sujet.

L'ESSENTIEL

1 Comment reconnaître un verbe pronominal ?

▶ Les verbes pronominaux **réfléchis** expriment une action que le sujet exerce sur lui-même. Le pronom réfléchi peut être COD ou COI.

> Elle s'est inscrite à un concours de poésie. [*s'* = elle-même : COD]
> Ils se sont fait mal en tombant. [*se* = à eux-mêmes : COI]

▶ Les verbes pronominaux **réciproques** sont toujours au pluriel et expriment une action que les sujets exercent les uns sur les autres. Le pronom réfléchi peut être COD ou COI.

> Les enfants se sont amusés dans la cour de l'école. [*se* = eux-mêmes : COD]
> Nous nous sommes écrit pendant les vacances. [*nous* = l'un(e) à l'autre : COI]

▶ Les verbes **essentiellement pronominaux** n'existent qu'à la forme pronominale. Le pronom réfléchi n'exerce aucune fonction précise.

2 Comment conjuguer un verbe pronominal ?

▶ Conjugué à un temps simple, le verbe pronominal, comme tous les verbes, s'accorde en nombre et en personne avec son sujet.

> Quand elles étaient petites, elles se levaient souvent la nuit.

▶ À un temps composé, le verbe pronominal se conjugue toujours avec l'auxiliaire *être*. Le participe passé s'accorde :

- **avec le sujet** si le verbe est essentiellement pronominal ;

> Ils se sont enfuis pendant la nuit.

- **avec le pronom réfléchi** si celui-ci est COD (→ FICHE 54).

> Elle s'est lavée à l'eau froide. [elle a lavé qui ? *s'* = COD]
> Elle s'est lavé les cheveux à l'eau froide. [elle a lavé les cheveux à qui ? *s'* = COI]

UN SCHÉMA POUR RETENIR

Verbes pronominaux
- **essentiellement pronominaux** : *s'asseoir*
- **réfléchis** (le sujet exerce l'action sur lui-même) : *se laver*
- **réciproques** (sujet pluriel, *se* = l'un l'autre) : *se rejoindre*

METTRE EN PRATIQUE

Conjuguer un verbe pronominal

LA MÉTHODE

1. Identifie le sujet du verbe pronominal et accorde-le à la personne correspondante.
2. Aux temps composés, détermine la fonction du pronom réfléchi pour accorder correctement le participe passé (→ FICHE 54).
3. Ne confonds pas *se* (pronom personnel réfléchi de la 3e personne) et *ce* (pronom démonstratif que tu peux remplacer par *cela*).

L'EXEMPLE COMMENTÉ

Le professeur de français de Julie a proposé à la classe une dictée pour travailler la conjugaison des verbes pronominaux. Voici la copie de Julie, qui a eu une excellente note.

Je **me souviens** que, lorsque j'étais petite, je **me suis réfugiée** **[verbe essentiellement pronominal : accord avec le sujet]** une nuit dans la cabane de notre jardin. Après que les premières étoiles **se furent montrées** **[*les étoiles eurent montré elles-mêmes* : *s'* est COD, le participe s'accorde]** je **me suis levée** et **me suis glissée** à pas de loup jusqu'à la porte d'entrée. Ma mère **s'était couchée** tard : elle ne m'entendrait pas. Je **me suis munie** d'une lampe torche et **me suis hissée** prudemment jusque dans la cabane. Je **me suis constitué** un petit nid de coussins **[*j'ai constitué un petit nid de coussins (pour moi)* : COD placé après, pas d'accord]** et **me suis enroulée** dans une couverture pour regarder le ciel étoilé.

À TON TOUR !

Réécris la dictée de Julie en remplaçant :

– « je » par « elles » ;
– « les premières étoiles » par « le premier astre » ;
– « ma mère » par « leurs parents ».

Commence par surligner dans le texte tous les éléments que tu vas devoir modifier.

CORRIGÉ p.150 D'AUTRES EXERCICES : fiches 46 et 47

Quiz express 46

Vérifie que tu as bien retenu les points clés des fiches 42 à 45

Réponds à chacun des quiz, puis résous l'énigme.

Employer un verbe au temps et au mode qui conviennent

1 Identifier les temps du dialogue — Fiche 42

Dans l'extrait suivant, souligne en bleu les verbes conjugués au présent, en vert les verbes au passé composé et en rouge les verbes au futur.

> « Tu sais, Pépite, tout le monde a ses secrets. Et certains doivent rester au fond, là où on les a planqués. Moi, mon secret, je peux te le dire, c'est que quand tu seras grande je t'emmènerai quelque part où la musique est si belle qu'on danse dans la rue. »
>
> Delphine de Vigan, *No et moi*, 2007, © Éditions J.-C. Lattès.

2 Conjuguer au présent, au futur et au passé composé — Fiche 43

Dans le court dialogue suivant, entoure les verbes conjugués qui conviennent.

« Allô ?

– Oh, Alice ? Comment as-tu / as-tu eu mon numéro de téléphone ?

– Je l'ai demandé / le demanderai à Cynthia. Je voulais / j'ai voulu t'inviter à une petite fête que j'organiserai / j'organise chez moi ce soir. Voudras-tu / veux-tu venir ?

– Avec plaisir ! Mais je dois / devrai d'abord demander l'autorisation à mes parents. Si tu as invité / inviteras Cynthia, ma mère est / sera sûrement d'accord. »

3 Distinguer les valeurs du présent de l'indicatif — Fiche 43

Pour chacune des phrases suivantes, indique s'il s'agit : d'un présent d'énonciation (E), d'un présent de narration (N) ou d'un présent de vérité générale (V).

1. Je me demande ce que je vais porter ce soir. .....

2. On apprend toujours de nos erreurs. .....

3. En 1936, les Français obtiennent les congés payés et peuvent partir en vacances. .....

4. Ma mère me fait toujours confiance. .....

5. Le développement durable constitue un des enjeux majeurs du XXIe siècle. .....

4 Utiliser les temps du récit

Fiche 44

Coche les formes qui conviennent.

Le narrateur-enfant se prépare à partir à la chasse en cachette.

Je ☐ remontai ☐ remontais dans ma chambre, avec la légèreté d'un chat, et je ☐ fis ☐ faisais mon plan. D'abord, il ☐ fallut ☐ fallait garder les yeux ouverts. Si je ☐ m'endormai ☐ m'endormais, j' ☐ étais perdu ☐ avais été perdu. Jamais de ma vie je ☐ ne pouvais ☐ n'avais pu me réveiller à quatre heures du matin. Donc, ne pas dormir.

■ D'après Marcel Pagnol, *La Gloire de mon père*, 1957, © Éditions de Fallois.

5 *Ce* ou *se* ?

Fiche 45

Entoure la forme correcte.

1. Il met toujours un temps fou à ce / se préparer.

2. Se / Ce n'est vraiment pas une bonne idée.

3. Ils ne sont pas encore arrivés. Se / Ce seraient-ils perdus ?

4. J'aime particulièrement ce / se moment de la journée.

5. Apprendre à faire du surf, c'est ce / se dont j'ai toujours rêvé !

ÉNIGME

Déchiffre ce rébus.

homophonie (homme-eau-faux-nid)

Reporte-toi aux corrigés p. 150 et calcule ton score.

Score : .../33

Contrôle continu

À l'aide de ces exercices, prépare tes contrôles portant sur les **fiches 42 à 45**

47

Employer un verbe au temps et au mode qui conviennent

exercice 1 Manipuler les temps du dialogue (5 mn)

Complète le dialogue en conjuguant les verbes entre parenthèses aux temps qui conviennent.

« Que .... (*faire*, 2e personne du singulier) là ? Je .... (*croire*) que tu .... (*devoir*) aller au cinéma avec ton amie ?

– Oui, mais j'.................... (*changer*) d'avis. Je .... (*ne plus avoir envie*) d'y aller.

– Vous vous .... (*se disputer*) ?

– Pas vraiment, mais nous .... (*ne pas réussir*) à nous mettre d'accord sur le film. Elle .... (*se mettre*) à critiquer mes goûts, ce qui m'.................... (*énerver*).

– C'.................... (*être*) dommage. Mais vous .... (*se réconcilier*) sans doute si tu en .... (*discuter*) avec elle. »

exercice 2 Connaître les valeurs du présent (5 mn)

Écoute-moi ! Je ne mens pas, je t'assure ! Elle m'attendait à l'arrêt de bus, et là, elle s'adresse à moi et commence à se plaindre du fait que tu l'ignores. Moi, je fais celui qui ne sait rien. Mais, tu connais les filles : plus on leur résiste, plus elles insistent. Alors elle me dit que vous avez passé une superbe après-midi avant-hier et ne comprend pas pourquoi tu ne l'as pas appelée.

Relève dans cet extrait :

1. deux présents d'énonciation : ....

2. deux présents de narration : ....

3. deux présents de vérité générale : ....

exercice 3 Manipuler les temps du récit au passé (10 mn)

Réécris au brouillon le texte de l'exercice 2 en rapportant les paroles indirectement. Tu commenceras par : « Paul dit à William de… et que… ». À toi de choisir les autres verbes introducteurs de parole.

exercice 4 — Comprendre l'emploi des temps dans un récit (15 mn)

Précise le temps de chaque verbe de cet extrait et justifie son emploi.

> « En 1932, je **visitai** Moscou avec mon associé Rakussen. Nous **venions** de subir à la Bourse de New York des pertes désastreuses [...] et les médecins nous **avaient prescrit** un changement complet d'atmosphère, quelques mois de vie simple et tranquille, loin de Wall Street et de sa fièvre. Nous **décidâmes** de nous rendre en URSS. Je **tiens** à préciser ici un point important : nous **prenions** cette décision avec cet enthousiasme sincère, cette chaude sympathie pour les réalisations de l'URSS que seuls les agents de change **peuvent** comprendre réellement. »
>
> ■ Romain Gary, « Citoyen pigeon », *J'ai soif d'innocence et autres nouvelles* © Larousse.

1. visitai : ....

2. venions : ....

3. avaient prescrit : ....

4. décidâmes : ....

5. tiens : ....

6. prenions : ....

7. peuvent : ....

exercice 5 — Conjuguer un verbe pronominal (10 mn)

Dans les phrases suivantes, conjugue les verbes pronominaux entre parenthèses au temps indiqué.

1. Je suis fatigué : je .... (*se coucher*, passé composé) trop tard hier.

2. Nous .... (*se souvenir*, futur) toujours de cet instant.

3. S'ils .... (*se mettre d'accord*, plus-que-parfait), ils .... (*se décider*, conditionnel passé) plus vite.

Reporte-toi aux corrigés p. 150-151 et évalue-toi.

Bilan

	J'ai réussi		*Fiche à revoir*
Exercice **1**	☐ oui	☐ non	**Fiche 42**
Exercice **2**	☐ oui	☐ non	**Fiche 43**
Exercice **3**	☐ oui	☐ non	**Fiche 44**
Exercice **4**	☐ oui	☐ non	**Fiche 44**
Exercice **5**	☐ oui	☐ non	**Fiche 45**

Distinguer les modes

48

Les modes situent un énoncé par rapport à la réalité, selon que l'action signifiée par le verbe est présentée comme réelle, virtuelle, hypothétique, ou prend la forme d'un ordre.

L'ESSENTIEL

1 Les modes personnels et les modes impersonnels

▶ Les **modes personnels** se conjuguent à toutes les personnes. Ils sont au nombre de quatre : l'indicatif, le conditionnel, le subjonctif et l'impératif.

▶ Les **modes impersonnels** ne donnent pas d'indication de personne, ils ne se conjuguent pas. Ils sont au nombre de trois : l'infinitif, le participe et le gérondif (= *en* + part. présent).

> Être aimé est vital pour chacun de nous. [infinitif]
> cela étant dit [part. présent] ; une fois le travail accompli [part. passé]
> En travaillant, nous réussirons notre examen. [gérondif]

▶ Chaque mode comporte des **temps simples** (constitués d'un seul mot) et des **temps composés** (constitués de deux mots : l'auxiliaire *avoir* ou *être* conjugué suivi du participe passé). (→ RABATS IV-V)

2 La valeur des modes personnels

Mode	Valeur	Exemple
indicatif	mode du **réel** (fait réalisé dans le passé, le présent ou le futur)	J'apprends l'italien.
conditionnel	mode de l'**hypothèse** (fait soumis à condition)	Si cette option était proposée dans mon collège, j'apprendrais l'italien.
subjonctif	mode du **virtuel** (fait éventuel)	Il se peut que j'apprenne l'italien.
impératif	mode de l'**injonction** (ordre, conseil)	Apprends l'italien.

UN SCHÉMA POUR RETENIR

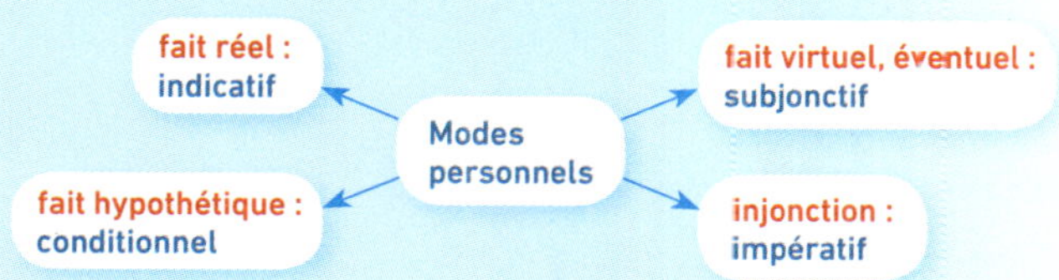

Orthographier des verbes conjugués à la 2e personne du singulier de l'impératif

La méthode

1. Identifie le groupe du verbe à conjuguer.
2. Conjugue le verbe comme au présent de l'indicatif.
3. Si c'est un verbe du 1er groupe, supprime le *s* final (sauf s'il est suivi des pronoms *y* ou *en*).

Attention ! Quelques verbes du 3e groupe en *-ir* ne prennent pas non plus de *s* final à la 2e personne de l'impératif : *cueille, offre, souffre, couvre...*

L'exemple commenté

Le professeur de français demande à ses élèves de rédiger, par groupes de deux, une fiche méthode pour écrire un poème. Voici le travail de Laura et Michaël.

1. Choisis le thème et la tonalité du poème.
2. ~~Détermines~~ Détermine [verbe du 1er groupe] la forme du poème : si c'est un sonnet, par exemple, respectes-en bien la structure.
3. ~~Établie~~ Établis un ou deux champs lexicaux en rapport avec le thème choisi et ~~sélectionnes~~ sélectionne [verbe du 1er groupe] des mots qui pourront rimer les uns avec les autres.
4. Lorsque tu composes tes vers, compte bien les syllabes selon le type de vers choisi (généralement l'alexandrin pour un sonnet).

À TON TOUR !

Voici une méthode pour apprendre une leçon d'histoire : réécris-la à la 2e personne du singulier de l'impératif.

1. D'abord, vérifier qu'on a bien noté son cours. Si ce n'est pas le cas, le compléter à l'aide du cahier d'un(e) camarade.
2. Relire une première fois la leçon pour s'assurer qu'on la comprend : souligner les notions et les mots importants, et chercher dans le dictionnaire la définition de ceux qui n'ont pas été compris.
3. Apprendre la leçon partie par partie : lire plusieurs fois chaque partie et la réciter ou la retranscrire au brouillon.
4. S'assurer que l'on a bien mémorisé les dates et les définitions.

Commence par souligner tous les verbes à l'infinitif.
Attention à la place des pronoms à l'impératif !

CORRIGÉ p.151 D'AUTRES EXERCICES : fiches 51 et 52

Utiliser le conditionnel

49

Considéré comme temps, le conditionnel exprime le futur du passé. Considéré comme mode, il sert à exprimer l'hypothèse.

L'ESSENTIEL

1 Comment conjuguer le conditionnel ?

▶ Le **conditionnel présent** se forme à partir du radical du futur auquel on ajoute les terminaisons de l'imparfait : *-ais, -ais, -ait, -ions, -iez, -aient.*

Chacun fera ce qu'il voudra. [futur]
→ Il a promis que chacun ferait ce qu'il voudrait. [conditionnel présent]

▶ Le **conditionnel passé** est formé de l'auxiliaire *être* ou *avoir* conjugué au conditionnel présent suivi du participe passé du verbe.

S'il avait été là, chacun aurait fait ce qu'il aurait voulu.

2 Quels sont les emplois du conditionnel ?

▶ Dans sa **valeur temporelle**, le conditionnel transpose le **futur dans le passé** : il exprime une action à venir par rapport à un moment du passé.

Il affirme qu'il fera fortune. → Il a affirmé qu'il ferait fortune.

▶ Dans sa **valeur modale**, en association avec *si* + l'imparfait, il exprime l'**hypothèse**, c'est-à-dire une action liée à une condition.

Si elle venait, je serais heureux. [action réalisable dans l'avenir : potentiel]
Si elle pouvait m'entendre, elle serait fière de moi. [action non réalisée dans le présent : irréel du présent]
Si elle était venue, j'aurais été heureux. [action non réalisée dans le passé : irréel du passé]

On peut aussi l'employer pour **atténuer** une affirmation dont la vérité n'est pas certaine ou pour exprimer une demande polie.

Il aurait pris la fuite en abandonnant le butin. [fait probable mais non certain]
Pourrais-je vous parler en privé ? [politesse]

UN SCHÉMA POUR RETENIR

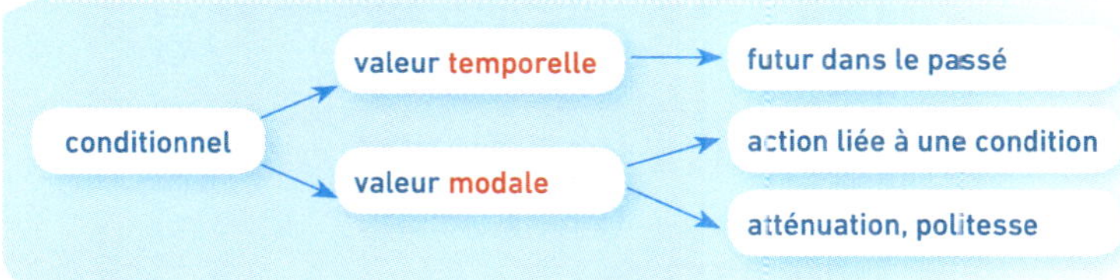

METTRE EN PRATIQUE

Utiliser le conditionnel pour rapporter des propos au discours indirect

La méthode

Lorsque tu transposes des propos au discours direct en discours indirect dans un récit au passé, tu dois effectuer des transformations de temps.

1. Repère les verbes au futur et au futur antérieur dans les propos au discours direct.
2. Lorsque tu transposes ces propos au discours indirect, conjugue au conditionnel présent les verbes au futur et au conditionnel passé ceux au futur antérieur.
3. Ajoute des verbes introducteurs de parole au passé simple.

L'exemple commenté

Pour s'entraîner à la réécriture, Sarah doit rapporter au discours indirect les propos qu'un adolescent énervé tient à sa famille, en utilisant : « César déclara à ses parents que », « il ajouta que » et « il affirma que ».

> « Quand je serai majeur, je ferai ce que je voudrai. Je n'aurai plus à vous obéir, vous ne pourrez plus m'interdire de sortir le soir et rien ne m'empêchera de rentrer tard ! Dès que j'aurai trouvé un travail, je serai enfin libre et indépendant, et mes amis pourront passer tout leur temps chez moi, dans l'appartement où je me serai installé. »

Après avoir repéré les verbes au futur et au futur antérieur, elle réécrit le texte en les mettant respectivement au conditionnel présent et passé.

> César déclara à ses parents que, quand il **serait** majeur, il **ferait** ce qu'il **voudrait**. Il ajouta qu'il n'**aurait** plus à leur obéir, qu'ils ne **pourraient** plus lui interdire de sortir le soir et que rien ne l'**empêcherait** de rentrer tard ! Il affirma que, dès qu'il **aurait trouvé** un travail, il **serait** enfin libre et indépendant et que ses amis **pourraient** passer tout leur temps chez lui, dans l'appartement où il se **serait installé**.

À TON TOUR !

Tu racontes à un(e) ami(e) que tes parents ont prévu un voyage à Londres. Tu lui parles de tout ce qu'ils ont promis que vous feriez. **Rapporte leurs paroles en employant le futur dans le passé.**

Commence par : « Mes parents vont enfin m'emmener à Londres. Ils m'ont promis que... ».

CORRIGÉ p.151

D'AUTRES EXERCICES : fiches 51 et 52

Employer un verbe au subjonctif

50

Contrairement à l'indicatif, mode du réel, le subjonctif exprime un fait éventuel. On le trouve dans des propositions indépendantes et dans des propositions subordonnées.

L'ESSENTIEL

1 Les formes du subjonctif

▶ Le subjonctif possède quatre temps :

présent (*que je vienne*)	imparfait (*que je vinsse*)
passé (*que je sois venu*)	plus-que-parfait (*que je fusse venu*)

Dans la langue courante, on n'utilise que le présent et le passé.

▶ Les terminaisons du subjonctif sont ***-e, -es, -e, -ions, -iez, -ent,*** sauf pour *être* (*que je sois, qu'il soit*) et *avoir* (*que j'aie, qu'il ait*).

2 Les emplois du subjonctif

▶ Dans les propositions indépendantes, le subjonctif s'emploie pour exprimer **l'ordre, la défense, le souhait ou l'indignation**.

Qu'ils **viennent** à 20 heures. [ordre]   Pourvu qu'il ne **pleuve** pas ! [souhait]

▶ Dans les subordonnées conjonctives complétives, il s'emploie après un verbe exprimant **la volonté, le désir, le doute, le regret**.

Il exige que tu y **ailles** avec lui. [volonté]
Je doute qu'il le **prenne** bien. [doute]

▶ Dans les subordonnées relatives, il sert à exprimer **un fait possible**.

Elsa cherche un cadeau qui **plaise** à son frère.

▶ On utilise également le subjonctif dans de nombreuses **subordonnées circonstancielles** (voir « Un schéma pour retenir »).

UN SCHÉMA POUR RETENIR

Principales conjonctions et locutions conjonctives suivies du subjonctif

temps	avant que, en attendant que, jusqu'à ce que… (Attention ! *après que* est suivi de l'indicatif)
but	pour que, afin que…
opposition/ concession	bien que, quoique…
condition	à condition que, pourvu que, à moins que…

METTRE EN PRATIQUE

Opter pour l'indicatif ou le subjonctif présent selon le sens

LA MÉTHODE

1. Demande-toi si le verbe exprime un ordre, un souhait ou un sentiment, ou si ce qu'il indique relève de l'une des circonstances listées dans « Un schéma pour retenir » p. 107.
2. Si tu hésites, remplace le verbe par un autre dont la forme est différente au subjonctif et à l'indicatif, par exemple *pouvoir* :
– si tu utilises le radical *puiss-*, il s'agit d'un subjonctif ;
– dans le cas contraire, il s'agit d'un indicatif.

L'EXEMPLE COMMENTÉ

Dans son compte rendu de lecture sur *La Ferme des animaux*, de George Orwell, Anna a commis quelques erreurs dans l'emploi des modes indicatif et subjonctif.

C'est original de lire un roman qui ~~mette~~ met en scène [fait réel : on utilise l'indicatif] des animaux de la ferme comme si c'était des êtres humains. En effet, bien que ce ~~sont~~ soient des bêtes, ils pensent et parlent comme des hommes. Leurs conditions de vie sont très difficiles, jusqu'à ce que le cochon Sage l'Ancien ~~est~~ ait l'idée de les encourager à la révolte. Alors, ils chassent le fermier. Après que celui-ci ~~soit~~ est parti [*après que* : le fait a eu lieu, on utilise donc l'indicatif], les cochons prennent peu à peu le pouvoir et les autres animaux finissent par douter que ceux-ci ~~sont~~ soient vraiment leurs alliés...

Attention à ces deux homophones : il s'agit bien du verbe *avoir* (*avoir une idée*), au subjonctif après *jusqu'à ce que*.

« douter » introduit un fait possible mais non réel : on utilise le subjonctif.

À TON TOUR !

Souligne les verbes au subjonctif et justifie son emploi pour chacun.

Cherea veut s'assurer que Scipion participera au meurtre de Caligula.

Scipion, je suis plus âgé que toi, et je n'ai pas coutume de demander du secours. Mais il est vrai que j'ai besoin de toi. Ce meurtre demande des répondants qui soient respectables. Au milieu de ces vanités blessées et de ces ignobles peurs, il n'y a que toi et moi dont les raisons soient pures. Je sais que si tu nous abandonnes, tu ne trahiras rien. Mais cela est indifférent. Ce que je désire, c'est que tu restes avec nous.

■ Albert Camus, *Caligula*, IV, 1, © Éditions Gallimard, 1958.

Tu dois souligner trois verbes.

CORRIGÉ p.151 D'AUTRES EXERCICES : fiches 51 et 52

Quiz express

Vérifie que tu as bien retenu les points clés des fiches 48 à 50

51

Réponds à chacun des quiz, puis résous l'énigme.

Employer un verbe au temps et au mode qui conviennent

1 Distinguer les modes personnels

Fiche 48

Pour chaque verbe, indique s'il est à l'indicatif (I), au conditionnel (C), au subjonctif (S) ou à l'impératif (Imp). L'un d'entre eux peut être à deux modes.

1. elle puisse : ......
2. nous nous installâmes : ......
3. pars : ......
4. il prendrait : ......
5. tu supposes : ......
6. je doive : ......
7. je ferai : ......
8. je dirais : ......
9. ils eussent dormi : ......
10. sachez : ......
11. vous avez apporté : ......
12. dites : ......

2 Conjuguer à l'impératif

Fiche 48

Coche la forme qui convient dans chaque étape de cette recette de fondant au chocolat.

1. ☐ Fais ☐ Fait fondre le beurre et le chocolat au bain-marie.
2. ☐ Bat ☐ Bats les œufs et le sucre jusqu'à ce que le mélange blanchisse.
3. ☐ Mélange ☐ Mélanges les deux préparation et ☐ ajoutes'y ☐ ajoutes-y un demi-sachet de levure.
4. ☐ Verse ☐ Verses la pâte dans un moule beurré.
5. ☐ Met ☐ Mets au four pendant vingt-cinq minutes à 180°.

3 Connaître les modes impersonnels

Fiche 48

Coche les modes impersonnels.

1. ☐ gérondif
2. ☐ indicatif
3. ☐ infinitif
4. ☐ impératif

4 Utiliser le conditionnel

Fiche 49

Associe chaque subordonnée de condition au temps attendu dans la principale.

1. Si je le rencontrais plus souvent… •
2. Si elle était arrivée à l'heure… •
3. Si tu avais confiance en toi… •
4. S'ils avaient écouté mon conseil… •

• conditionnel présent
• conditionnel passé

5 Connaître les emplois du subjonctif

Fiche 50

Relie chaque phrase avec la valeur du subjonctif qui convient.

1. J'ai bien peur que tu ne puisses pas lire ce livre en une semaine. •
2. Mathieu redoute que son ami ne le croie pas. •
3. Qu'ils n'oublient pas de nous écrire ! •
4. Pourvu que le train n'ait pas de retard ! •
5. Qu'elle le dise si elle n'est pas d'accord. •

• ordre
• défense
• souhait
• doute
• crainte

6 Utiliser le temps et le mode qui conviennent

Fiche 48

Choisis la forme qui convient.

1. J'irai au cinéma avec toi quand j' ☐ aurai terminé ☐ aurais terminé mon devoir d'histoire.
2. Nous avons nettoyé la chambre après qu'ils ☐ sont partis ☐ soient partis.
3. Bien que nous ☐ sommes ☐ soyons enthousiastes, nous avons quelques appréhensions.
4. Il a promis qu'il ☐ viendra ☐ viendrait avec nous à la patinoire.

ÉNIGME

- Mon premier est une conjonction de coordination.
- Mon second souffle fort.
- Mon troisième fait avancer l'équidé.
- Mon quatrième est le féminin de « il ».
- Mon cinquième ne dit pas la vérité.

Mon tout est un adverbe qui évoque une possibilité.

éventuellement (et – vent – hue – elle – ment)

Reporte-toi aux corrigés p. 151 et calcule ton score.

Score : …/35

Contrôle continu

À l'aide de ces exercices, prépare tes contrôles portant sur les fiches 48 à 50

52

Employer un verbe au temps et au mode qui conviennent

exercice 1

Choisir le mode qui convient

5 mn

Conjugue les verbes entre parenthèses au présent de l'indicatif ou au présent du subjonctif.

1. Je ne .... (*croire*) pas qu'il .... (*falloir*) abandonner.

2. Malgré l'Occupation qui .... (*s'étendre*) sur une grande partie de la France, les résistants .... (*ne pas perdre*) espoir.

3. Le poète est convaincu que ses lecteurs .... (*réfléchir*) au message qu'il leur .... (*transmettre*).

4. Le poète .... (*écrire*) dans l'urgence, avant qu'il .... (*être*) trop tard.

5. S'ils .... (*vouloir*) progresser, qu'ils .... (*faire*) plus d'efforts.

exercice 2

Analyser l'emploi des modes

15 mn

Lis la première strophe du poème de Robert Desnos reproduit dans la fiche 61 (« Ce cœur qui haïssait la guerre... ») puis réponds aux questions.

1. Compare ce qu'expriment les verbes à l'imparfait de l'indicatif et les verbes au présent de l'indicatif : en quoi l'état d'esprit du poète a-t-il changé ?

....

....

2. Relève les verbes conjugués au présent du subjonctif : qu'expriment-ils ?

....

....

....

3. Selon toi, à qui s'adresse le verbe conjugué à l'impératif ?

....

exercice 3

Transposer des paroles au discours indirect

10 mn

Transpose ces paroles rapportées au discours direct en discours indirect, en commençant par « Le général de Gaulle déclara que... » .

> « J'invite les officiers et les soldats français qui se trouvent en territoire britannique ou qui viendraient à s'y trouver [...] à se mettre en rapport avec moi. Quoi qu'il arrive, la flamme de la résistance française ne doit pas s'éteindre et ne s'éteindra pas. Demain, comme aujourd'hui, je parlerai à la Radio de Londres. »
>
> ■ Appel du général de Gaulle, 18 juin 1940.

....

....

....

exercice 4

Conjuguer un verbe au subjonctif

5 mn

Reformule les phrases avec les amorces proposées.

1. Les gouvernements doivent prendre conscience de l'urgence de la situation.
Il faut que ....

2. Nous devons agir et prendre des mesures concrètes.
Il est grand temps que ....

3. La planète est menacée, sauf si l'homme change ses habitudes de consommation.
À moins que ....

4. Un épuisement des ressources naturelles est à craindre.
Nous devons craindre que ....

Reporte-toi aux corrigés p. 152 et évalue-toi.

Bilan

	J'ai réussi		*Fiche à revoir*
Exercice **1**	❑ oui	❑ non	Fiche 48
Exercice **2**	❑ oui	❑ non	Fiche 48
Exercice **3**	❑ oui	❑ non	Fiche 49
Exercice **4**	❑ oui	❑ non	Fiche 50

Connaître les principales règles d'accord

53

Les mots qui sont liés au sein d'une phrase ou d'un groupe de mots s'accordent entre eux.

L'ESSENTIEL

1 Accorder les mots qui composent un groupe nominal

Au sein du groupe nominal (GN), le déterminant et le ou les adjectifs épithètes s'accordent en genre (masculin ou féminin) et en nombre (singulier ou pluriel) avec le **nom noyau**.

Elle me regardait de [ses magnifiques yeux verts]. [Chaque mot composant le GN est accordé au masculin pluriel avec le nom noyau, « yeux ».]

2 Accorder le verbe avec son sujet

Un verbe conjugué s'accorde en personne et en nombre avec son **sujet**.

▶ Quand le sujet est un GN comportant un complément du nom, le verbe s'accorde avec le nom noyau.

[Le cri des mouettes] emplit l'air. [Le verbe s'accorde avec « cri ».]

Avec un nom collectif (*une foule de, la majorité, l'ensemble*…), l'accord peut se faire au singulier ou au pluriel.

L'ensemble des élèves a / ont réussi l'épreuve.

▶ Quand le verbe a plusieurs sujets singuliers, il s'accorde au pluriel.

Louis et moi [= nous] sommes enthousiastes.

▶ Le verbe s'accorde toujours au singulier quand son sujet est :

- une proposition (relative, infinitive) ou un verbe à l'infinitif ;

Qui m'aime me suive.
Grignoter entre les repas est une mauvaise habitude.

- les pronoms *on, chacun, aucun* (même suivis d'un complément).

On trouve ici de jolis cadeaux. Chacun d'entre nous donne son opinion.

UN SCHÉMA POUR RETENIR

GN : accord en genre et en nombre avec le nom → [déterminant + nom noyau + adjectifs]

verbe : accord en personne et en nombre avec le sujet → [sujet + verbe (+ attribut du sujet)]

METTRE EN PRATIQUE

Se relire et corriger ses fautes d'accord

La méthode

1. Repère les GN : assure-toi que déterminant(s), nom(s) et adjectif(s) sont bien accordés.
2. Encadre les verbes conjugués et identifie le sujet de chacun d'entre eux : vérifie que chaque verbe est accordé avec son sujet.
3. Si, parmi ces verbes, il y a des verbes attributifs (*être, sembler, paraître…*), identifie l'attribut du sujet et assure-toi qu'il est accordé avec le sujet.

L'exemple commenté

Avant de rendre sa dictée, Antoine – qui oublie souvent les *-s* au pluriel – se relit en vérifiant qu'il n'a pas commis de fautes d'accord.

Le texte de la dictée est un extrait du Silence de la mer, *de Vercors : il s'agit de la description d'un officier allemand.*

Sa tête était légèrement penchée en avant, comme si le cou n'eût pas été planté sur les épaules, mais à la naissance de sa poitrine. Il n'était pas voûté mais cela faisait comme s'il l'était. Ses hanches et ses épaules étroites étaient impressionnantes. Le visage était beau. Viril et marqué de deux grandes dépressions le long des joues. On ne voyai~~ent~~ [le verbe s'accorde toujours au singulier avec *on*] pas les yeux que cachai~~ent~~ l'ombre portée de l'arcade [sujet de *cachait*]. Ils me parurent clairs. Les cheveux étaient blonds et souples, jetés en arrière, brillant soyeusement sous la lumière du lustre.

■ Vercors, *Le Silence de la mer*, © Éditions Albin Michel, 1951.

Antoine vérifie les accords au sein des groupes nominaux, les accords des verbes avec leurs sujets et les accords des attributs du sujet.

À TON TOUR !

Corrige les cinq fautes d'accord qui se sont glissées dans cette dictée.

Nos jeux furent d'abord la chasse aux cigale, qui suçait en chantant la sève des amandier. Les premières nous échappèrent, mais nous fûmes bientôt d'une adresse si efficace que nous revenions à la maison entourés d'un halo de musique, car nous en rapportions des douzaines qui continuait à grésiller dans nos poches tressautante.

■ Marcel Pagnol, *La Gloire de mon père*, 1957, © Éditions de Fallois.

Pour accorder correctement le verbe d'une proposition relative, identifie l'antécédent du pronom relatif.

CORRIGÉ p.152 D'AUTRES EXERCICES : fiches 57 et 58

Accorder un participe passé si nécessaire

54

Le participe passé, forme non conjuguée du verbe, s'accorde en genre et en nombre comme un adjectif. Dans quels contextes et avec quoi s'accorde-t-il ?

L'ESSENTIEL

1 Quand accorder le participe passé ?

▶ Employé **seul**, le participe passé joue le rôle d'un adjectif. Il s'accorde en genre et en nombre avec le ou les mots auxquels il se rapporte.

J'ai acheté des cartes peintes à la main.

▶ Employé avec l'**auxiliaire *être***, il s'accorde avec le sujet du verbe.

Les leçons [qui sont lues plusieurs fois] sont les mieux apprises.

Même règle pour le participe passé d'un verbe pronominal (→ FICHE 45).

Ils se sont appréciés dès qu'ils se sont rencontrés.

▶ Employé avec l'**auxiliaire *avoir***, il s'accorde avec le COD si celui-ci est placé avant le verbe.

Merci pour tes fiches de cours ! Je les ai recopiées pour réviser. [*les* est COD du verbe *ai recopiées*]

2 Quand ne pas accorder le participe passé ?

▶ Quand il s'agit du participe passé d'un verbe pronominal et que le pronom réfléchi est COI.

Marie s'est accordé une pause. [*s'* est COI, pas d'accord]

▶ Quand il s'agit du participe passé des verbes *faire, laisser, devoir, pouvoir, vouloir* suivi d'un infinitif, même si le COD est placé avant *avoir*.

Les efforts que j'ai dû faire ont été récompensés.
Les photographies qu'elle a fait développer sont réussies.

UN SCHÉMA POUR RETENIR

METTRE EN PRATIQUE

Écrire correctement les formes verbales en [e]

LA MÉTHODE

Si tu hésites sur l'orthographe d'une forme verbale en [e], remplace-la par un verbe du 3e groupe, par exemple « rendre ».

1. Si tu emploies « rendre », il s'agit d'un infinitif : écris *-er*.

2. Si tu emploies « rendu », il s'agit d'un participe passé : écris *-é* et accorde si nécessaire.

3. Sinon, il s'agit d'un indicatif présent (*-ez*) ou imparfait (*-ais, -ais, -ait, -aient*) : identifie le sujet pour trancher.

L'EXEMPLE COMMENTÉ

Louise a rédigé le brouillon de sa lettre de motivation pour obtenir un stage en entreprise. Elle se relit pour vérifier les formes en [e], sur lesquelles elle se trompe souvent.

> J'ai l'honneur de vous ~~adressez~~ adresser [vous n'est pas le sujet : *j'ai l'honneur de vous rendre*] cette lettre afin de postuler pour effectuer un stage dans le centre équestre que vous dirigez. J'ai toujours ~~aimée~~ aimé les chevaux et j'ai longtemps pratiqué l'équitation. Lorsque j'ai appris que je ~~devait~~ devais trouver un stage, j'ai donc tout de suite penser pensé [= *j'ai rendu*] à passer une semaine dans un centre équestre. Je me suis toujours sentie très à l'aise avec les chevaux que j'ai ~~monté~~ montés [COD = *que*, mis pour *chevaux*] ; aujourd'hui, j'aimerais savoir comment on s'occupe d'eux, comment les activités sont ~~organisé~~ organisées [accord avec le sujet *les activités*]...

Tu repères des formes à l'infinitif, au participe passé, au présent et à l'imparfait de l'indicatif.

À TON TOUR !

Louise a rédigé le compte rendu de sa première journée de stage. Complète avec les terminaisons qui conviennent.

Le premier jour, je suis arriv..... Mon maître de stage est venu me cherch.... à l'accueil du centre équestre et nous sommes all.... visit.... les locaux. Il m'a ensuite expliqu.... en détail ses activités ainsi que les tâches qui all.... m'être confi..... En fin de matinée, il m'a présent.... à ses collègues, et tous m'ont invit.... à déjeun.... avec eux.

Souviens-toi que c'est Louise qui écrit ; « je » renvoie donc à un féminin singulier.

CORRIGÉ p.153   D'AUTRES EXERCICES : fiches 57 et 58

Accorder ou non une forme verbale en *-ant*

55

Il existe deux formes verbales en -ant : le participe présent, qui est invariable, et l'adjectif verbal, qui s'accorde en genre et en nombre avec le nom auquel il se rapporte.

L'ESSENTIEL

1 Le participe présent, forme invariable

▶ Le participe présent, forme verbale non conjuguée, se termine toujours par *-ant*. Il est **invariable**. Il est souvent suivi d'un complément d'objet.

Criant des slogans, les manifestants se dirigent vers le centre-ville.

▶ Lorsque le participe présent est **précédé de la préposition *en***, il s'agit d'un **gérondif**. Il a la fonction d'un complément circonstanciel.

Attention à la marche en descendant du train. [CC de temps]

2 L'adjectif verbal, forme variable

▶ L'adjectif verbal est un adjectif formé à partir du participe présent. Il se termine souvent par *-ant* mais il **s'accorde en genre et en nombre** avec le nom auquel il se rapporte.

Nous avons réservé deux chambres communicantes. [épithète de *chambres*]
Tes amis sont charmants. [attribut du sujet *Tes amis*]

▶ Certains adjectifs verbaux ont une orthographe différente des participes présents correspondants :

- les adjectifs verbaux en *-ent : excellent, différent, précédent, divergent...*

le jour précédent [adj. verbal] ≠ la semaine précédant son arrivée [part. présent]

- les adjectifs verbaux issus des verbes en *-guer* et *-quer*.

un voyage fatigant [adj. verbal] ≠ des écrans fatiguant les yeux [part. présent]
une tenue provocante ≠ une tempête provoquant des inondations

UN SCHÉMA POUR RETENIR

Ne pas confondre...

(*en* +) participe présent + complément → forme invariable

et

nom + adj. verbal épithète *ou* sujet + verbe d'état + adj. verbal attribut → forme variable : accord avec le nom ou le sujet

METTRE EN PRATIQUE

Distinguer adjectif verbal et participe présent

LA MÉTHODE

1. Si la forme en *-ant* est suivie d'un complément ou précédée de la préposition *en*, il s'agit d'un participe présent ou d'un gérondif : elle est invariable.
2. Si la forme en *-ant* se rapporte à un nom ou complète un verbe d'état, il s'agit d'un adjectif verbal : identifie le nom ou le GN auquel il se rapporte pour l'accorder correctement.
Astuce : si tu peux mettre la forme au féminin, c'est un adjectif verbal.

L'EXEMPLE COMMENTÉ

Sonia a écrit un poème évoquant un ciel d'orage, mais elle a commis quelques fautes d'orthographe sur les formes en *-ant*.

Orage
La nuit va bientôt tomber ;
Mais du fond des cieux changeants s'annonce une tempête :
Des nuages gris s'avancent, ~~voilants~~ voilant le bleu nuit du crépuscule.
Les vents en tournoyant chassent devant eux
Les nuages devenus noirs. Leurs souffles inquiétants
Fracassant le silence
Entonnent une longue plainte bouleversant la nature.

1. Sonia identifie les participes présents, invariables : ils sont précédés de la préposition *en* ou suivis d'un complément.

2. Les autres formes en *-ant* sont des adjectifs verbaux : ils s'accordent avec le nom qu'ils qualifient (*une mer changeante*).

À TON TOUR !

Complète le texte suivant en formant des participes présents ou des adjectifs verbaux.

Lucas ne comprenait pas toujours Lola à cause de son humeur .... (*changer*). Ils passaient de bons moments ensemble, tantôt .... (*discuter*) de tas de sujets .... (*passionner*), tantôt .... (*plaisanter*). Mais, parfois, Lola devenait silencieuse et refusait de lui parler, ... (*provoquer*) chez Lucas d'.............................. (*angoisser*) interrogations.

Repère les éventuels compléments des formes en *-ant*.

CORRIGÉ p.153 D'AUTRES EXERCICES : fiches 57 et 58

Reconnaître et orthographier un adverbe

56

Les adverbes sont des mots invariables. Ils modifient le sens d'un verbe, d'un adjectif, d'un autre adverbe ou d'une phrase.

L'ESSENTIEL

1 Comment reconnaître un adverbe ?

▶ Les adverbes et les locutions adverbiales sont toujours **invariables**.

▶ Ils sont le plus souvent **facultatifs** : on peut les supprimer sans modifier le sens de la phrase.

(De toute façon), Benoît a (toujours) (très) faim.

▶ Lorsqu'ils modifient un verbe ou une phrase, ils sont **compléments circonstanciels**

Ma sœur court vite. [CC de manière].

Ils peuvent aussi modifier un adjectif ou un autre adverbe.

Elle est très sportive. Elle s'entraîne assez souvent.

2 Comment orthographier un adverbe ?

▶ Même s'ils sont invariables, beaucoup d'adverbes se terminent par un *s* : *toujours, jamais, toutefois, néanmoins, ailleurs, longtemps, alors, certes…*

▶ Attention aux paires d'homophones !

adverbe invariable	homophone variable
J'ai voyagé dans quelque cinquante pays. [*quelque* = environ]	J'ai voyagé dans quelques pays d'Asie. [déterminant]
Il a même des livres d'art. [*même* = aussi]	Il a les mêmes livres d'art que moi. [adjectif]
Elle s'est arrêtée net. [*net* = d'un coup]	La différence est très nette. [adjectif]

▶ Les adverbes en *-ment* sont formés à partir des adjectifs selon des règles précises (→ METTRE EN PRATIQUE).

UN SCHÉMA POUR RETENIR

Un adverbe est …
→ toujours invariable.
→ le plus souvent facultatif.

METTRE EN PRATIQUE

Orthographier des adverbes en *-ment*

LA MÉTHODE

1. Trouve l'adjectif à partir duquel est formé l'adverbe.
2. Orthographie l'adverbe selon la terminaison de l'adjectif au masculin :
- adjectif en *-é*, *-i* ou *-u* : ajoute simplement le suffixe *-ment* [aisé → aisément] ;
- adjectif terminé par une **consonne** : mets-le au féminin et ajoute *-ment* [heureux → heureusement] ;
- adjectif en *-ant* ou *-ent* : remplace cette terminaison par *-amment* ou *-emment* [élégant → élégamment ; ardent → ardemment].

3. Attention aux exceptions : *gentiment, gaiement, brièvement, impunément...*

L'EXEMPLE COMMENTÉ

Nadia a un exercice de grammaire à faire : elle doit reformuler les phrases suivantes en utilisant des adverbes en *-ment*.

a. Il a réfléchi à son sujet de rédaction de manière posée. → Il a réfléchi à son sujet de rédaction posément.
b. Il lui a tenu la porte avec galanterie. → Il lui a tenu la porte galamment [*galant*].
c. Elle a réagi avec brutalité. → Elle a réagi brutalement [*brutal*].
d. Nous avons travaillé avec ardeur. → Nous avons travaillé ardemment [*ardent*].
e. Le directeur a fait un discours bref. → Le directeur a parlé brièvement [et non **brèvement*].

À TON TOUR !

a. Complète ce texte en formant des adverbes en *-ment*.

Le potier place d'abord .... (*soigneux*) l'argile sur son tour. Il laisse ses mains glisser sur la matière pour définir .... (*grossier*) la forme de l'objet. Petit à petit, l'objet tourne plus .... (*rapide*) et sa forme se précise. Maintenant, les doigts de l'artisan réalisent .... (*délicat*) les détails de la poterie. Enfin, le potier la retire .... (*prudent*) du tour et la place à l'abri pour qu'elle sèche bien.

b. Souligne ensuite les adverbes et les locutions adverbiales.

Tu dois souligner onze mots ou groupes de mots.

CORRIGÉ p.153 D'AUTRES EXERCICES : fiches 57 et 58

Quiz express

Vérifie que tu as bien retenu les points clés des **fiches 53 à 56**

57

Réponds à chacun des quiz, puis résous l'énigme.

Maîtriser les règles d'accord

1 Faire les accords au sein du GN

Fiche 53

Complète les phrases suivantes en effectuant les accords nécessaires.

1. Jean mange une tarte au... pomme... de Normandie
2. Ce chercheur a réalisé de brillant... travau... de physique....
3. Vois-tu ces grand... oiseau... de proie... noir... dans le ciel ?

2 Accorder un verbe avec son sujet

Fiche 53

Souligne le sujet puis choisis la forme verbale qui convient.

1. C'est au crépuscule que chante / chantent les oiseaux.
2. Tout le monde ont été / a été enthousiasmé par mon projet.
3. Les dernières fouilles de cet archéologue a eu / ont eu un retentissement mondial.
4. Toutes les possibilités de ce logiciel vous laisseront / laissera rêveurs.

3 Accorder un attribut du sujet

Fiche 53

Associe chaque début de phrase à l'attribut qui convient.

1. Ta cousine a l'air... •
2. Les vacances me paraissent... •
3. Toi et moi sommes... •
4. Les jours de pluie sont pour moi... •
5. Tes arguments me semblent... •

- • les gagnants du championnat
- • très fatiguée
- • irréfutables
- • trop courtes
- • des occasions de lire

4 Accorder ou non un participe passé

Fiche 54

Raye la forme qui ne convient pas.

1. J'ai aimé / aimée cette pièce de théâtre. Et toi, l'as-tu apprécié / appréciée ?

2. Nous nous sommes pressé / pressés et avons oublié / oubliés nos affaires.

3. J'ignore quelle route ils ont pris / prise.

4. Elles se sont souvenu / souvenues qu'elles étaient déjà venu / venues.

5 Accorder ou non une forme en *-ant*

Fiche 55

Coche la forme correcte.

1. Les eaux ☐ dormant ☐ dormantes recèlent une faune ☐ étonnant ☐ étonnante.

2. Les ☐ voyant ☐ voyants arriver, ils sont allés à leur rencontre.

3. Nous nous endormons souvent en ☐ lisant ☐ lisants.

4. Mado achèvera le puzzle en ☐ assemblant ☐ assemblants les pièces ☐ manquant ☐ manquantes.

6 Identifier un adverbe

Fiche 56

Souligne les adverbes et locutions adverbiales.

1. Je lui parlerai demain et il entendra peut-être raison.

2. Il a tout de suite pris ma défense et m'a courageusement soutenue.

3. Les enfants joueront dehors tout à l'heure.

4. Le héros du roman évolue incognito, subtilement déguisé.

ÉNIGME

- Mon premier est synonyme d'empressement.
- Mon second s'esclaffe.
- Mon troisième est marqué par le footballeur.
- Mon quatrième est un conifère.

Mon tout qualifie un verbe d'état.

attributif (hâte – rit – but – if)

Reporte-toi aux corrigés p. 153 et calcule ton score.

Score : .../35

Contrôle continu

À l'aide de ces exercices, prépare tes contrôles portant sur les **fiches 53 à 56**

58

Maîtriser les règles d'accord

exercice **1** **Réécrire un texte avec un sujet pluriel** 10 mn

Réécris ce texte en remplaçant « Mon frère » par « Mes frères » et « il » par « ils ». Fais tous les accords nécessaires.

Mon frère est plus jeune que moi mais il aime que je joue avec lui. Il a toujours été drôle, espiègle ; il me pose toujours plein de questions tant il est curieux de tout. Un jour qu'il s'amusait dans le jardin, il s'est blessé en essayant de fabriquer un arc. Il accourut vers moi en tenant son pouce ensanglanté et me dit en souriant : « Regarde, je me suis fait une blessure de guerre ! »

exercice **2** **Réécrire un texte en changeant le temps** 10 mn

Réécris ce texte au passé composé.

L'orage éclata un peu avant minuit. Le grondement du tonnerre s'enfla d'un coup et des éclairs jaillirent et craquèrent violemment : les fenêtres en tremblèrent et toute la maisonnée se réveilla en sursaut. Je m'enfonçai dans mon lit et guettai, fascinée, le prochain éclair. Il ne tarda pas et les nuages gris se déchirèrent lorsque l'immense zébrure les traversa.

exercice **3**
Accorder un participe passé
10 mn

Rédige les réponses aux questions suivantes en remplaçant les GN en bleu par des pronoms.

1. Tu n'as pas oublié tes lunettes ? ....
2. Cette exposition lui-a-t-elle plu ? ....
3. Quand auras-tu fini tes devoirs ? ....
4. Lui a-t-elle prêté ses partitions ? ....

exercice **4**
Accorder ou non une forme en *-ant*
10 mn

Complète les phrases en construisant des formes en *-ant*.

1. Les crocodiles vivent dans des eaux .... (*dormir*).
2. En .... (*réviser*) régulièrement, tu réussiras.
3. En cette saison, les cieux sont .... (*changer*).
4. Ils restèrent là, tout .... (*trembler*).

exercice **5**
Orthographier les adverbes en *-ment*
5 mn

Complète le texte suivant avec des adverbes en *-ment* formés sur les adjectifs entre parenthèses.

C'était la plus grave des jeunes filles, la plus frêle des femmes. Une longue chevelure blonde pesait sur son front et sur son visage, ... (*délicat*) dessiné, ... (*fin*) modelé. Sur son teint très pur, l'été avait posé deux taches de rousseur... Je ne remarquai qu'un défaut à tant de beauté : aux moments de tristesse, de découragement ou .... (*seul*) de réflexion profonde, ce visage si pur se marbrait .... (*léger*) de rouge, comme il arrive chez certains malades .... (*grave*) atteints sans qu'on le sache.

■ D'après Alain-Fournier, *Le Grand Meaulnes* (1913).

Reporte-toi aux corrigés p. 154 et évalue-toi.

Bilan

	J'ai réussi		Fiche à revoir
Exercice **1**	❑ oui	❑ non	Fiche 53
Exercice **2**	❑ oui	❑ non	Fiche 54
Exercice **3**	❑ oui	❑ non	Fiche 54
Exercice **4**	❑ oui	❑ non	Fiche 55
Exercice **5**	❑ oui	❑ non	Fiche 56

Un récit d'enfance

Le Corps de mon père, Michel Onfray

59

***Le Corps de mon père** est un court récit autobiographique du philosophe et essayiste Michel Onfray, publié en 1992 dans le premier tome de son **Journal hédoniste, Le Désir d'être un volcan**.*

L'AUTEUR

Né en Normandie en 1959, Michel Onfray est issu d'un milieu modeste. Après avoir obtenu son baccalauréat, il fait des études de philosophie. D'abord professeur, il démissionne de l'Éducation nationale et fonde à Caen l'Université populaire, qui propose des cours et des conférences à tous les publics. Il est l'auteur de nombreux essais* philosophiques et littéraires.

La réussite au baccalauréat

Juin 1976 : le narrateur, Michel Onfray, vient d'obtenir son baccalauréat. Il décrit la réaction de son père qui ne montrait jamais ses sentiments « ni par les mots, ni par les gestes ».

Apprenant mon succès, mon père sourit, posa sa main, comme en une onction, sur ma tête, sur mes cheveux. Je sentis son poids, son épaisseur, les doigts dans leur détail, la paume, sa surface, le presque abandon mais la retenue, toutefois, dans le poignet. L'immobilité lourde de son geste trahissait à la fois une peur de mal dire, de mal faire, de briser ou de casser quelque chose, et une vérité sans détour, sans ambages. Aucun mot n'accompagna le geste, aucune durée, non plus dans celui-ci qui, malgré tout, devint pour moi de la matière dont on fait l'éternité. Mon corps fut ému et traversé par l'influx de mon père, sa paix, sa joie secrète, silencieuse et profonde. Le temps d'un instant, je suis devenu sa fierté. Éloquent dans son mutisme, il laissa sa main, là, presque sur mon front, le temps que d'autres auraient mis à faire une phrase brève. Lorsqu'il reprit son geste, car l'éternité ne peut durer plus que de raison, je sentis dans mes cheveux sa peau rêche et calleuse qui en arrachait quelques-uns. Depuis, dans chacune des mains de Picasso ou de Fernand Léger, je vois les siennes, même si je sais que mon père n'a plus d'auriculaire gauche, car il le perdit dans un accident qui aurait pu lui être fatal en tâchant de retenir le cheval emballé qui l'emportait dans le tombereau attelé, lequel s'écrasa sur un mur, broyant le doigt. Parfois, je me dis qu'en un endroit du monde, des os de mon père sont séparés de lui, partie de lui déjà morte.

■ Michel Onfray, *Le Corps de mon père* (2009), © Éditions Hatier.

La représentation du corps dans le mouvement cubiste

Michel Onfray compare les mains de son père, ouvrier agricole, à celles peintes par Pablo Picasso ou Fernand Léger. Ces deux artistes appartiennent à la même génération. Représentants du cubisme, tous deux ont adhéré au Parti communiste et côtoyé les milieux artistiques d'avant-garde, comme celui des poètes surréalistes.

Fernand Léger, *Le Mécanicien* (1920). Originaire d'Argentan et issu d'un milieu populaire, comme Michel Onfray, Léger peint ici un ouvrier dont la main puissante, qui porte des bagues et tient une cigarette, occupe une place centrale et symbolise la force, la droiture et la révolte.

Une pièce créée sous l'Occupation
Antigone, Jean Anouilh

60

***Antigone* est une pièce en un acte de Jean Anouilh, représentée pour la première fois à Paris le 4 février 1944. L'auteur s'inspire de la pièce du dramaturge grec Sophocle pour évoquer la situation de la France sous l'occupation allemande.**

Créon et Antigone

Les deux frères d'Antigone, Étéocle et Polynice, se sont entretués pour le trône de Thèbes. Leur oncle Créon, devenu roi, décide de n'offrir une sépulture qu'à Étéocle : quiconque osera enterrer le corps de Polynice, considéré comme un traître, sera puni de mort. Dans cet extrait, les gardes ont arrêté Antigone alors qu'elle tentait pour la deuxième fois d'ensevelir le corps de son frère, et l'ont amenée à Créon.

CRÉON. – Antigone ! C'est par cette porte qu'on regagne ta chambre. Où t'en vas-tu par là?

ANTIGONE, *s'est arrêtée, elle lui répond doucement, sans forfanterie.* – Vous le savez bien…

Un silence. Ils se regardent encore debout l'un en face de l'autre.

CRÉON, *murmure, comme pour lui.* – Quel jeu joues-tu?

ANTIGONE. – Je ne joue pas.

CRÉON. – Tu ne comprends donc pas que si quelqu'un d'autre que ces trois brutes sait tout à l'heure ce que tu as tenté de faire, je serai obligé de te faire mourir ? Si tu te tais maintenant, si tu renonces à cette folie, j'ai une chance de te sauver, mais je ne l'aurai plus dans cinq minutes. Le comprends-tu?

ANTIGONE. – Il faut que j'aille enterrer mon frère que ces hommes ont découvert.

CRÉON. – Tu irais refaire ce geste absurde ? Il y a une autre garde autour du corps de Polynice et, même si tu parviens à le recouvrir encore, on dégagera son cadavre, tu le sais bien. Que peux-tu donc, sinon t'ensanglanter encore les ongles et te faire prendre ?

ANTIGONE. – Rien d'autre que cela, je le sais. Mais cela, du moins, je le peux. Et il faut faire ce que l'on peut.

CRÉON. – Tu y crois donc vraiment, toi, à cet enterrement dans les règles ? À cette ombre de ton frère condamnée à errer toujours si on ne jette pas sur le cadavre un peu de terre avec la formule du prêtre ? Tu leur as déjà entendu la réciter, aux prêtres de Thèbes, la formule ? Tu as vu ces pauvres têtes d'employés fatigués écourtant les gestes, avalant les mots, bâclant ce mort pour en prendre un autre avant le repas de midi?

ANTIGONE. – Oui, je les ai vus.

CRÉON. – Est-ce que tu n'as jamais pensé alors que si c'était un être que tu aimais vraiment, qui était là, couché dans cette boîte, tu te mettrais à hurler tout d'un coup? À leur crier de se taire, de s'en aller?

ANTIGONE. – Si, je l'ai pensé.

CRÉON. – Et tu risques la mort maintenant parce que j'ai refusé à ton frère ce passeport dérisoire, ce bredouillage en série sur sa dépouille, cette pantomime dont tu aurais été la première à avoir honte et mal si on l'avait jouée. C'est absurde !

■ Jean Anouilh, *Antigone*, © Éditions de La Table ronde, 1946.

Une mise en scène contemporaine

Inspirée d'un mythe antique et écrite sous l'Occupation, la pièce d'Anouilh est intemporelle. Le metteur en scène Nicolas Briançon a choisi un décor dépouillé et des costumes à la fois antiques et contemporains, faisant ainsi ressortir l'universalité de la lutte entre Antigone et Créon, entre la justice et le pouvoir autoritaire.

Jean Anouilh, *Antigone*, mise en scène de Nicolas Briançon, théâtre Marigny, 2003. Antigone est interprétée par Barbara Schulz, Créon par Robert Hossein.

La résonance du mythe d'Antigone en 1944

Jean Anouilh a décidé de réécrire le mythe d'Antigone car il a immédiatement pensé au texte de Sophocle en voyant les affiches rouges placardées entre le 10 et le 15 février 1944. Ces affiches, réalisées par le régime de Vichy et l'occupant allemand, annonçaient la condamnation à mort de vingt-trois résistants, membres des FTP-MOI (Francs-Tireurs et Partisans – Main-d'œuvre Immigrée).

Poètes dans la Résistance
Robert Desnos et Paul Éluard

61

Pendant l'Occupation (1940-1945), de nombreux poètes français écrivent des œuvres engagées pour dénoncer les atrocités de la guerre, rendre hommage à ses victimes et exalter la liberté, l'espoir et le courage de ceux qui résistent.

Robert Desnos, « Ce coeur qui haïssait la guerre... »

Robert Desnos (1900-1945), poète engagé dans la Résistance, a trouvé la mort dans un camp de concentration. Ce poème, écrit en vers libres, fait entendre le battement d'un cœur épris de liberté. Il est paru dans un recueil publié en juillet 1943, *L'Honneur des poètes*, qui rassemblait des textes de poètes engagés.

Ce cœur qui haïssait la guerre voilà qu'il bat pour le combat et la bataille !
Ce cœur qui ne battait qu'au rythme des marées, à celui des saisons, à celui [des heures du jour et de la nuit,
Voilà qu'il se gonfle et qu'il envoie dans les veines un sang brûlant de [salpêtre et de haine,
Et qu'il mène un tel bruit dans la cervelle que les oreilles en sifflent
Et qu'il n'est pas possible que ce bruit ne se répande pas dans la ville et la [campagne
Comme le son d'une cloche appelant à l'émeute et au combat.
Écoutez, je l'entends qui me revient renvoyé par les échos.

Mais non, c'est le bruit d'autres cœurs, de millions d'autres cœurs battant [comme le mien à travers la France.
Ils battent au même rythme pour la même besogne tous ces cœurs,
Leur bruit est celui de la mer à l'assaut des falaises
Et tout ce sang porte dans des millions de cervelles un même mot d'ordre :
Révolte contre Hitler et mort à ses partisans !
Pourtant ce cœur haïssait la guerre et battait au rythme des saisons,
Mais un seul mot : Liberté a suffi à réveiller les vieilles colères
Et des millions de Francais se préparent dans l'ombre à la besogne que l'aube [proche leur imposera.
Car ces cœurs qui haïssaient la guerre battaient pour la liberté au rythme [même des saisons et des marées, du jour et de la nuit.

Robert Desnos, « Ce cœur qui haïssait la guerre » (1943), repris dans *Destinée arbitraire*,

Paul Éluard, « Liberté »

Très actif dans la Résistance, Paul Éluard publie ce célèbre poème clandestinement en 1942, dans un recueil de poèmes engagés intitulé *Poésie et vérité*.

Sur mes cahiers d'écolier
Sur mon pupitre et les arbres
Sur le sable de neige
J'écris ton nom

Sur toutes les pages lues
Sur toutes les pages blanches
Pierre sang papier ou cendre
J'écris ton nom

Sur les images dorées
Sur les armes des guerriers
Sur la couronne des rois
J'écris ton nom

Sur la jungle et le désert
Sur les nids sur les genêts
Sur l'écho de mon enfance
J'écris ton nom

Sur les merveilles des nuits
Sur le pain blanc des journées
Sur les saisons fiancées
J'écris ton nom

Sur tous mes chiffons d'azur
Sur l'étang soleil moisi
Sur le lac lune vivante
J'écris ton nom

Sur les champs sur l'horizon
Sur les ailes des oiseaux
Et sur le moulin des ombres
J'écris ton nom

Sur chaque bouffée d'aurore
Sur la mer sur les bateaux
Sur la montagne démente
J'écris ton nom

Sur la mousse des nuages
Sur les sueurs de l'orage
Sur la pluie épaisse et fade
J'écris ton nom

Sur les formes scintillantes
Sur les cloches des couleurs
Sur la vérité physique
J'écris ton nom

[…]

Et par le pouvoir d'un mot
Je recommence ma vie
Je suis né pour te connaître
Pour te nommer
Liberté

■ Paul Éluard, « Liberté », *Au rendez-vous allemand*, © Les Éditions de Minuit, 1945.

« Liberté. J'écris ton nom », Fernand Léger, 1953. Peu après la mort de Paul Éluard, Fernand Léger crée un livre dépliant inspiré du poème « Liberté ». Sur trois feuillets de formats variés, des aplats de couleurs vives se marient au texte imprimé. Le titre et le dernier vers du poème sont particulièrement mis en valeur par le dessin.

Deux romans sur le pouvoir : *La Ferme des animaux* et *1984*, George Orwell

62

Dans *La Ferme des animaux* et *1984*, George Orwell, journaliste et romancier anglais engagé, dénonce les régimes totalitaires.

La Ferme des animaux (1945)

Paru en 1945, *La Ferme des animaux* est l'histoire de la révolte d'animaux contre le fermier qui les exploite. Dans cet extrait, le cochon Sage l'Ancien prononce un discours devant ses semblables pour leur faire prendre conscience de leur condition.

« […] Quelle est donc, camarades, la nature de notre existence ? Regardons les choses en face nous avons une vie de labeur, une vie de misère, une vie trop brève. Une fois au monde, il nous est tout juste donné de quoi survivre, et ceux d'entre nous qui ont la force voulue sont astreints au travail jusqu'à ce qu'ils rendent l'âme. Et dans l'instant que nous cessons d'être utiles, voici qu'on nous égorge avec une cruauté inqualifiable. Passé notre première année sur cette terre, il n'y a pas un seul animal qui entrevoie ce que signifient des mots comme loisir ou bonheur. Et quand le malheur l'accable, ou la servitude, pas un animal qui soit libre. Telle est la simple vérité. […]

L'Homme est la seule créature qui consomme sans produire. Il ne donne pas de lait, il ne pond pas d'œufs, il est trop débile pour pousser la charrue, bien trop lent pour attraper un lapin. Pourtant le voici le suzerain de tous les animaux. Il distribue les tâches entre eux, mais ne leur donne en retour que la maigre pitance qui les maintient en vie. Puis il garde pour lui le surplus. Qui laboure le sol ? Nous ! Qui le féconde ? Notre fumier ! Et pourtant pas un parmi nous qui n'ait que sa peau pour tout bien. Vous, les vaches là devant moi, combien de centaines d'hectolitres de lait n'avez-vous pas produit l'année dernière ? Et qu'est-il advenu de ce lait qui vous aurait permis d'élever vos petits, de leur donner force et vigueur ? De chaque goutte l'ennemi s'est délecté et rassasié. Et vous les poules, combien d'œufs n'avez-vous pas pondus cette année-ci ? Et combien de ces œufs avez-vous couvés ? Tous les autres ont été vendus au marché pour enrichir Joncs et ses gens ! Et toi, Douce, où sont les quatre poulains que tu as portés, qui auraient été la consolation de tes vieux jours ? Chacun d'eux fut vendu à l'âge d'un an, et plus jamais tu ne les reverras ! En échange de tes quatre maternités et du travail aux champs, que t'a-t-on donné ? De strictes rations de foin plus un box dans l'étable ! »

■ George Orwell, *La Ferme des animaux* (1945), traduction Jean Quéval, © Folio Gallimard.

1984 (1949)

1984 est un roman d'anticipation dans lequel Orwell dépeint un monde plongé dans une guerre ininterrompue. Un régime totalitaire, évoquant à la fois le stalinisme et le nazisme, surveille les citoyens en permanence, interdisant toute liberté de pensée et d'expression. Dans cet extrait, le héros, Winston Smith, après avoir été arrêté, est interrogé et torturé par O'Brien, l'un des membres les plus puissants du parti au pouvoir.

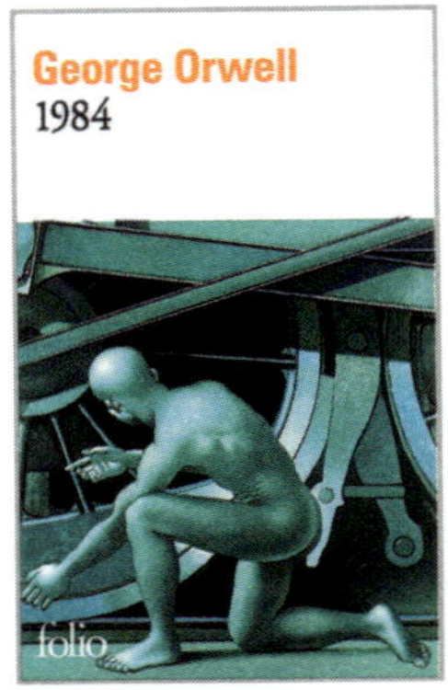

Il s'arrêta et reprit un instant l'air du pédagogue qui questionne un élève qui promet :

– Comment un homme s'assure-t-il de son pouvoir sur un autre, Winston?

Winston réfléchit :

– En le faisant souffrir, répondit-il.

– Exactement. En le faisant souffrir. L'obéissance ne suffit pas. Comment, s'il ne souffre pas, peut-on être certain qu'il obéit, non à sa volonté, mais à la vôtre ? Le pouvoir est d'infliger des souffrances et des humiliations. Le pouvoir est de déchirer l'esprit humain en morceaux que l'on rassemble ensuite sous de nouvelles formes que l'on a choisies. Commencez-vous à voir quelle sorte de monde nous créons ? C'est exactement l'opposé des stupides utopies hédonistes qu'avaient imaginées les anciens réformateurs. Un monde de crainte, de trahison, de tourment. Un monde d'écraseurs et d'écrasés, un monde qui, au fur et à mesure qu'il s'affinera, deviendra plus impitoyable. Le progrès dans notre monde sera le progrès vers plus de souffrance. L'ancienne civilisation prétendait être fondée sur l'amour et la justice. La nôtre est fondée sur la haine. Dans notre monde, il n'y aura pas d'autres émotions que la crainte, la rage, le triomphe et l'humiliation. Nous détruirons tout le reste, tout.

« Nous écrasons déjà les habitudes de pensée qui ont survécu à la Révolution. [...] Il n'y aura plus de loyauté qu'envers le Parti, il n'y aura plus d'amour que l'amour éprouvé pour Big Brother. Il n'y aura plus de rire que le rire de triomphe provoqué par la défaite d'un ennemi. Il n'y aura ni art, ni littérature, ni science. Quand nous serons tout-puissants, nous n'aurons plus besoin de science. Il n'y aura aucune distinction entre la beauté et la laideur. Il n'y aura ni curiosité, ni joie de vivre. Tous les plaisirs de l'émulation seront détruits. Mais il y aura toujours, n'oubliez pas cela, Winston, il y aura l'ivresse toujours croissante du pouvoir, qui s'affinera de plus en plus. Il y aura toujours, à chaque instant, le frisson de la victoire, la sensation de piétiner un ennemi impuissant. Si vous désirez une image de l'avenir, imaginez une botte piétinant un visage humain... éternellement. »

■ George Orwell, *1984* (1949), traduction Amélie Audiberti, © Folio Gallimard.

Un film plaidoyer pour la démocratie
Le Dictateur (*The Great Dictator*), Charlie Chaplin

63

***Le Dictateur* est le premier film parlant du cinéaste anglais Charlie Chaplin, créateur et interprète du célèbre Charlot. Tourné en noir et blanc en 1939 et sorti en 1940 aux États-Unis, ce long-métrage est une satire du régime nazi.**

Fiche technique

Titre : *Le Dictateur* (titre original : *The Great Dictator*)
Réalisateur : Charlie Chaplin
Scénario : Charlie Chaplin
Directeurs de la photographie : Karl Struss, Roland Totheroh
Musique : Charlie Chaplin, Meredith Wilson, Richard Wagner, Johannes Brahms
Société de production : United Artists
Format : noir et blanc – 35 mm
Genre : comédie burlesque
Langue : anglais
Durée : 124 minutes
Dates de sortie : États-Unis : 15 octobre 1940 (première mondiale à New York), 7 mars 1941 (sortie nationale)
France : 4 avril 1945
Allemagne de l'ouest (RFA) : 26 août 1958
Distribution : Charlie Chaplin : le barbier juif / Adenoïd Hynkel
Reginald Gardiner : commandant Schultz
Paulette Goddard : Hannah
Henry Daniell : Garbitsch
Billy Gilbert : maréchal Herring
Jack Oakie : Benzino Napoleoni

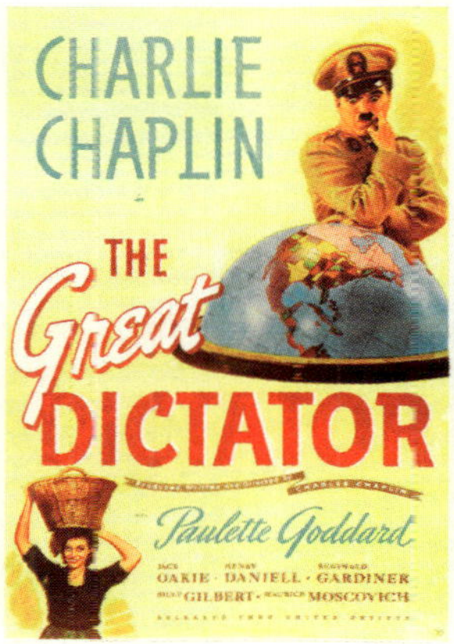

Synopsis

En 1918, un barbier juif, soldat maladroit de l'armée de Tomainie, sauve la vie du commandant Schultz. Ils réchappent d'un accident d'avion et apprennent que leur nation a capitulé. Le barbier, devenu amnésique et resté des années à l'hôpital, ignore que la Tomainie est aux mains du dictateur Hynkel. Après une rixe, le barbier est enfermé dans un camp où il retrouve Schultz. Les deux hommes s'échappent et croisent l'armée partie envahir l'Österlich. Le barbier, parfait sosie de Hynkel, est pris pour le dictateur, tandis que ce dernier est arrêté comme imposteur...

La scène finale

Dans la dernière scène du film, le barbier juif, pris pour le dictateur Hynkel, conduit sur une estrade, est contraint de faire un discours devant les soldats et le peuple d'Österlich. Il prononce alors une ode émouvante à la démocratie et à la liberté.

Charlie Chaplin, *Le Dictateur*, 1940. Le barbier est d'abord mal à l'aise : « Je suis désolé, mais je ne veux pas être empereur, ce n'est pas mon affaire. Je ne veux ni conquérir, ni diriger personne. »

Prenant de l'assurance, il s'anime et exprime ses convictions profondes : « Vous n'êtes ni des machines, ni du bétail, mais des hommes [...] Soldats, ne vous battez pas pour l'esclavage mais pour la liberté ! »

Des portraits satiriques : de La Bruyère à Plantu

64

La satire est une œuvre littéraire qui critique la société en s'en moquant. De l'Antiquité à nos jours, elle a adopté des formes variées : poèmes, parodies d'épopées ou de romans, fables, pamphlets, contes philosophiques...

La Bruyère, un moraliste à la cour de Louis XIV

La Bruyère est un moraliste français du XVIIe siècle, dont *Les Caractères* (1688) critiquent les mœurs et les modes de pensée de son temps. Dans le texte suivant, il dresse le portrait de Gnathon, personnage imaginaire mais inspiré par des personnes réelles, type même de l'égoïste.

Gnathon ne vit que pour soi, et tous les hommes ensemble sont à son égard comme s'ils n'étaient point. Non content de remplir à une table la première place, il occupe lui seul celle de deux autres ; il oublie que le repas est pour lui et pour toute la compagnie ; il se rend maître du plat, et fait son propre[1] de chaque service : il ne s'attache à aucun des mets, qu'il n'ait achevé d'essayer de tous ; il voudrait pouvoir les savourer tous, tout à la fois. Il ne se sert à table que de ses mains ; il manie les viandes, les remanie, démembre, déchire, et en use de manière qu'il faut que les conviés, s'il veulent manger, mangent ses restes. Il se fait, quelque part où il se trouve, une manière d'établissement[2], et ne souffre pas d'être plus pressé[3] au sermon ou au théâtre que dans sa chambre. Il n'y a dans un carrosse que les places du fond qui lui conviennent ; dans toute autre, si on veut l'en croire, il pâlit et tombe en faiblesse. S'il fait un voyage avec plusieurs, il les prévient[4] dans les hôtelleries, et il sait toujours se conserver dans la meilleure chambre le meilleur lit. Il tourne tout à son usage ; ses valets, ceux d'autrui, courent dans le même temps pour son service. Tout ce qu'il trouve sous sa main lui est propre, hardes[5], équipages[6]. Il embarrasse tout le monde, ne se contraint pour personne, ne plaint personne, ne connaît de maux que les siens, que sa réplétion[7] et sa bile, ne pleure point la mort des autres, n'appréhende que la sienne, qu'il rachèterait volontiers de l'extinction du genre humain.

■ Jean de La Bruyère, « De l'homme », *Les Caractères* (1688).

1. son propre : sa propriété.
2. Il se fait [...] manière d'établissement : il fait comme s'il était chez lui.
3. pressé : serré dans la foule.
4. prévient : devance.
5. hardes : bagages.
6. équipages : tout ce qui est nécessaire pour voyager (cheval, carrosse, malles).
7. réplétion : excès de nourriture dans l'estomac.

Voltaire, défenseur de la philosophie des Lumières

Le philosophe Voltaire ne se montrait pas tendre à l'égard de ses ennemis. En témoigne le texte suivant, extrait d'une lettre adressée à Claude-Adrien Nonnotte, prêtre jésuite qui avait critiqué l'*Essai sur les mœurs* (1754) où Voltaire attaquait le christianisme.

« Il y a trois sortes d'orgueil, messieurs, disait le docteur Swift dans un de ses sermons : l'orgueil de la naissance, celui des richesses, celui de l'esprit ; je ne vous parlerai pas du dernier : il n'y a personne, parmi vous, qui ait à se reprocher un vice si condamnable. »
Je ne te le reprocherai pas non plus, mon pauvre Nonotte ; mais je prierai Dieu qu'il te rende plus savant, plus honnête, et plus humble. Je suis fâché de te voir si ignorant et si impudent. Tu viens de faire imprimer, sous le nom d'Avignon, un nouveau libelle[1] de ta façon, intitulé *Lettre d'un ami à un ami*. Quel titre romanesque ! Nonotte avoir un ami ! Peut-on écrire de pareilles chimères ! c'est bien là un mensonge imprimé.

■ Voltaire, *Lettre d'un avocat de Besançon au nommé Nonotte, ex-jésuite* (1768).

1. libelle : court écrit satirique.

La satire en image

Visant à susciter la réflexion ou la prise de conscience à partir d'exemples contemporains, la satire brosse des portraits dans lesquels le lecteur reconnaît le défaut ou le comportement ridiculisé. La caricature, fondée sur l'exagération jusqu'au ridicule de certains traits physiques ou moraux, est une forme de satire graphique.

Plantu, dans *Le Monde* du 12 novembre 1999. Le « bogue » désigne le « bug » informatique que l'on redoutait au passage à l'an 2000. Paru au lendemain des commémorations de l'armistice qui mit fin à la Première Guerre mondiale (11 novembre 1918), ce dessin est une satire de la jeunesse des années 1990, jugée ignorante.

CORRIGÉS des quiz et des exercices

Fiche 1 — À ton tour !

Le narrateur-personnage emploie le pronom personnel « nous » pour désigner sa famille et lui. La cuisine est évoquée comme le lieu de tous les moments importants de la vie quotidienne. La seconde phrase, en mentionnant la surface de la cuisine, vient confirmer le fait que la famille du narrateur vivait dans un espace exigu et appartenait donc à un milieu social modeste.

Fiche 2 — À ton tour !

Créon, son page et ses gardes portent des costumes noirs qui évoquent les uniformes des SS allemands. Le metteur en scène fait ainsi référence au contexte de création de la pièce, en 1944, sous l'Occupation, avec un gouvernement français aux ordres des nazis. Le personnage d'Antigone incarne la résistance face à un pouvoir autoritaire, exercé sans discernement et sans humanité.

Fiche 3 — À ton tour !

1. Le poème a été écrit en 1942, pendant la Seconde Guerre mondiale, alors que la France est occupée par les nazis. • **2.** Il est question, au premier abord, d'une longue veille qui dure depuis de nombreuses nuits (« à la veille », « nous veillons », « guetter l'aurore ») et de la conviction que la lumière du jour reviendra (« nous témoignons encore de la splendeur du jour »). Sous une forme imagée, le poète évoque la guerre et l'Occupation qui s'éternisent, les difficultés de la Résistance, et malgré tout, l'espoir qu'un jour le peuple français retrouvera sa liberté.

Fiche 4 — À ton tour !

1. Il fallait surligner : « nous avons une vie de labeur, une vie de misère, une vie trop brève ». La thèse de Sage l'Ancien est que les animaux ne connaissent que le malheur au cours de leur existence, du fait de l'homme. • **2.** Voici les trois arguments du cochon : 1. L'homme nous laisse à peine de quoi manger à notre faim (« il nous est tout juste donné de quoi vivre »). 2. Il nous oblige à travailler (« ceux d'entre nous qui ont la force voulue sont astreints au travail »). 3. Il nous tue dès que nous ne lui servons plus (« dans l'instant que nous cessons d'être utiles, voici qu'on nous égorge »).

Fiche 5 — À ton tour !

Quand la scène commence, le barbier, que les officiels nazis prennent pour Hynkel, a pris place à la tribune. Il est montré en gros plan (caméra fixe), commençant à discourir, la voix et le regard mal assurés : « Je regrette mais je ne veux pas être empereur... ».

Un plan vient entrecouper son discours : on y voit Hannah, la jeune fille du ghetto, pleurant visage contre terre. Ce plan illustre les paroles (hors champ) de l'orateur : «... victimes d'un système qui contraint à torturer et emprisonner les innocents ».

Le plan final nous montre à nouveau l'orateur. D'abord en plan rapproché taille : on peut apercevoir les micros qui retransmettent le discours et constater que le personnage a pris de l'assurance. Puis le cadrage se resserre sur l'orateur qui développe, plein de feu, un vibrant plaidoyer en faveur de la paix et de la démocratie. Le plan se termine sur l'image du barbier surpris par la ferveur qu'a suscitée son discours.

Fiche 6 — À ton tour !

1. Tu peux taper les mots clés « Eluard + résistance » ou « Paul Eluard ». • **2.** Parmi les résultats de ta recherche, tu dois trouver la page « Poètes en Résistance » du réseau Canopé. Ce site semble riche et fiable [tu remarques le logo du ministère de l'Éducation nationale en haut à gauche de la page].

Fiche 7 — Quiz express

1. Dans le cas d'un récit autobiographique

On a une autobiographie quand l'auteur du livre raconte l'histoire de sa vie.

➔ *Un récit à la 1re personne n'est pas forcément autobiographique. Il faut qu'on ait l'équation « narrateur = personnage principal = auteur » pour que le récit soit autobiographique.*

2. Les caractéristiques d'un texte théâtral

une succession de **dialogues** entre les différents personnages • ils sont accompagnés d'indications de mise en scène appelées **didascalies** • découpé en un ou plusieurs **acte(s)** qui regroupe(nt) plusieurs **scènes** • fait progresser **l'intrigue** jusqu'au **dénouement**.

3. Que peut-on dire d'un poème ?

1. Faux • **2.** Vrai • **3.** Vrai.

4. Argument ou exemple ?

1. Argument • **2.** Exemple • **3.** Exemple • **4.** Argument.

➔ *Le premier argument (le livre comme évasion) est illustré par l'exemple des romans de Fred Vargas ; le second argument (le caractère nomade du livre), par l'exemple des livres numériques.*

5. Moteur, ça tourne !

1. séquence : ensemble de plans formant une unité narrative • **2. plan** : portion de film entre le début et la fin d'une prise • **3. montage** : travail d'assemblage des plans après le tournage • **4. bande-son** : sons associés aux images d'un film.

6. Organiser une recherche documentaire

4 prendre des notes • 5 élaborer un plan • 2 chercher des sources d'information • 6 rédiger • 3 lire les documents • 1 définir le sujet.

Fiche 8 — Contrôle continu

1. Analyser un extrait de roman

a.

Où ?	Quand ?	Qui ?	Quoi ? (thème)
À la plage	En été	Jacques Bourdillère	Célibat et mariage

b. La suite de la nouvelle va sans doute nous raconter comment le personnage a décidé de se marier (une rencontre amoureuse au bord de la mer) et ce que cela va changer dans sa vie.

2. Comprendre les enjeux d'un dialogue théâtral

Comme indiqué dans les didascalies, les rapports entre les deux sœurs sont empreints d'une certaine violence dans cette scène. Antigone semble avoir pris une grave décision : mourir pour ce qu'elle croit ; sa sœur tente en vain de l'en détourner.

3. Reconnaître un poème

Le texte est en vers, avec un retour régulier à la ligne coupant la phrase en cinq brèves unités. • Le rythme de la phrase (une seule phrase sans ponctuation) et les rimes (AABCCB) lui confèrent une réelle musicalité. • Pour exprimer la mélancolie que l'automne suscite en lui, le poète a créé une image très personnelle : « Les sanglots longs des violons de l'automne... ».

4. Exploiter des sources documentaires

Ces documents ne nous apportent pas beaucoup d'informations sur le mythe d'Antigone : ils nous apprennent de qui elle descend et nous laissent deviner qu'elle a eu un destin tragique, lié à celui de son père. Ces documents constituent les débuts de la recherche.

Fiche 9 À ton tour !

a. Éléments clés : photographies de ton enfance – un souvenir précieux – raconte – comment ce souvenir surgit – scène. • **b.** La photographie montre ma grand-mère et moi, âgé(e) de quatre ans, dans son jardin, en train d'observer un cocon de chenille. Je décris le jardin où j'aimais tant jouer. Je raconte comment ma grand-mère m'a montré le cocon sous une feuille. J'évoque les paroles qu'elle prononça pour m'expliquer ce que c'était et mon émerveillement incrédule. Je conclus en évoquant le sourire tendre et chaleureux de ma grand-mère, tel qu'il apparaît sur la photographie.

Fiche 10 À ton tour !

1. Arguments en faveur de la thèse :
– Les réseaux sociaux permettent d'être toujours en contact avec ses amis, et l'amitié est source d'épanouissement.
– Ils permettent également de partager des savoirs (découvertes musicales, sujets d'actualité) et d'élargir son horizon.

2. Arguments en faveur de l'antithèse :
– On passe beaucoup de temps sur les réseaux sociaux, au détriment parfois de la famille, d'une activité physique ou du travail scolaire.
– Les réseaux sociaux forcent à donner une certaine image de soi, souvent fausse, et ne permettent donc pas un épanouissement véritable.

Fiche 11 À ton tour !

a. et **b.** 2. Né le 30 août 1946, Jacques Tardi étudie à l'école des beaux-arts de Lyon, puis aux Arts décoratifs de Paris [1]. Il fait ses débuts, en 1969, dans l'hebdomadaire *Pilote* [2]. En 1972 paraît *Rumeurs sur le Rouergue* [3] (scénario de Pierre Christin). Quatre ans plus tard, il lance la série *Adèle Blanc-Sec* [4] chez Casterman. En 1982, il réalise *Brouillard au pont de Tolbiac* ; d'autres adaptations des enquêtes de Nestor Burma [5] suivront.

c. 1. Que vous ont apporté, en tant que dessinateur de bandes dessinées, vos études aux Beaux-Arts puis aux Arts décoratifs ? • 2. Quelles ont été vos premières créations à *Pilote* ? • 3. Qu'est-ce qui vous a inspiré pour votre premier album *Rumeurs sur le Rouergue* ? • 4. D'où vous est venue l'idée du personnage d'Adèle Blanc-Sec ? • 5. Qu'est-ce qui vous a amené à adapter les enquêtes de Nestor Burma ?

Fiche 12 — À ton tour !

a. George Orwell = Eric Arthur Blair. Écrivain et journaliste ang., né en Inde.
Engagé : – contre impérialisme brit.
– pour justice soc. et socialisme
– contre totalitarismes nazi et soviet.
Prod. variée (chroniqueur, critique, rom.)
Œuvres majeures : *La Ferme des animaux*, *1984* (« Big Brother »).
b. L'introduction de la biographie sur Vikidia ressemble à une prise de notes à partir de celle de Wikipédia.

Fiche 13 — À ton tour !

1. Diapositive 1 (page de titre) : Mon stage de découverte [tu peux ajouter en sous-titre le métier que tu as découvert ou l'entreprise qui t'a accueilli(e)].
Diapositive 2 : Introduction
Diapositive 3 : Présentation de l'entreprise
Diapositive 4 : Le métier de ...
Diapositive 5 : Journal de bord
Diapositive 6 : Conclusion
2. Visuels utilisables : une photographie de l'entreprise, du service que tu as intégré ou de ton maître de stage ; un document qui joue un rôle important dans le métier que tu as découvert (bon de commande, etc.) ; une photographie de toi en train d'effectuer une tâche qui t'a été confiée...

Fiche 14 — À ton tour !

a. 1927 : 1er film parlant = *Le Chanteur de jazz*, d'Alan Crosland, par le studio Warner Bros. Qques séq. parlées mais succès → tous les prod. veulent passer au parlant. Fin de la carrière de stars du muet, ex. : Gloria Swanson, Buster Keaton.
b. Assure-toi d'avoir fait passer les idées principales : le premier film parlant, *Le Chanteur de jazz*, sort en 1927 ; cette date marque le début d'une nouvelle ère pour le cinéma, mais aussi la fin de leur carrière pour de grandes stars du muet.

Fiche 15 — À ton tour !

Les éléments de la conclusion sont à remettre dans cet ordre : 3 (bilan d'ensemble) – 4 (aspect négatif) – 1 (aspect très positif) – 2 (ouverture sur l'avenir).

Fiche 16 — Quiz express

1. Construire un récit

1. description • **2.** récit rétrospectif • **3.** dialogue • **4.** scène d'action • **5.** prolepse.

2. Construire une argumentation

La préservation des mers et des océans est vitale **tout d'abord** pour les écosystèmes qu'ils abritent. **En effet**, la pollution contamine et détruit de nombreuses espèces sous-marines. La sauvegarde de ces milieux est **aussi** vitale pour l'homme car il consomme du poisson. **Or**, de récentes études ont montré que le saumon et le thon sont contaminés par le mercure.

Par conséquent, il est recommandé de ne pas en manger trop souvent.

3. Réaliser une interview

L'ordre à indiquer est : 5 – 1 – 3 – 2 – 4.

4. Réaliser un diaporama

1. Vrai • **2.** Faux • **3.** Vrai • **4.** Faux [il sert de support, non de substitut].

5. Prendre des notes

Réponse 2

6. Organiser son rapport de stage

L'ordre correct est : 1 sommaire – 2 introduction (choix du stage) – 3 présentation de l'entreprise – 4 organigramme – 5 fonctionnement d'un service – 6 présentation d'un métier – 7 journal de bord – 8 bilan du stage – 9 projet d'orientation – 10 glossaire.

Fiche 17 Contrôle continu

1 Construire un récit

1. Le début d'un récit présente des informations essentielles à la compréhension de l'histoire : le cadre spatiotemporel, les personnages principaux et la situation initiale.

2. Le dialogue permet de faire entendre les personnages, il nous fait connaître leurs relations, leurs sentiments, leurs pensées, leurs impressions, leurs projets. Il délivre aussi de précieuses informations sur l'action elle-même.

2. Trouver des exemples

1. Dans une salle de sport ou lors d'un cours de danse, on lie facilement connaissance avec d'autres adhérents. • **2.** Pratiquer un sport régulièrement permet notamment de prévenir l'obésité ou les maladies cardio-vasculaires. • **3.** Lors de compétitions sportives, par exemple, chacun donne le meilleur de soi, dans les sports individuels comme dans les sports d'équipe.

3. Réaliser une interview

1. Comment votre vocation est-elle née ? • **2.** Quelles études avez-vous faites pour devenir photographe ? • **3.** Quelle technique préférez-vous ? **4.** Quel est le thème de vos photographies ? • **5.** Quelle est votre actualité d'artiste ?

4. Prendre des notes

Ravage est un roman d'anticipation écrit par le romancier français René Barjavel et publié en 1943. Les premières pages de ce roman nous montrent, à travers le regard de son personnage principal, François Deschamps, un monde ultra-moderne où tout fonctionne à l'électricité et où les avancées technologiques permettent par exemple de circuler sans essence et très rapidement sur des routes appelées autostrades. La ville de Paris est dominée par quatre grandes cités pourvues d'une technologie très avancée qui offre à leurs habitants un très grand confort. Les banlieues de la capitale ont été délaissées et se sont transformées en jungles.

Notes : ***Ravage*, roman d'antic. de Barjavel, 1943. Pers. princ. François Deschamps, monde ultra-mod. Paris dominée par 4 cités, techno. très avancée, gd confort. ≠ banlieues, transf. en jungle.**

→ *Ta prise de notes doit comporter les informations essentielles. Ne fais pas de phrases complètes : tu peux utiliser des symboles et des abréviations.*

Fiche 18 À ton tour !

1. Le sens propre est le mouvement d'un objet autour d'un point, d'un axe le ramenant périodiquement à son point de départ. Ce sens s'emploie dans les domaines de l'astronomie, de la géométrie, de la médecine, de la sylviculture (les domaines de la géophysique et de la mécanique ne sont représentés que dans le CNRTL). • **2.** Son sens figuré est un changement brusque et profond. • **3.** Avec une majuscule, le mot désigne une révolution historique et plus particulièrement la Révolution française de 1789. • **4.** Le mot « révolution » connote un bouleversement, un renversement d'un état de fait, de valeurs, une mutation profonde, la nouveauté et le progrès.

Fiche 19 À ton tour !

1. em-pourpr-er ; in-extingu-ible ; ex-sang-ue ; dard-er.
2. **s'empourprer** : prendre une couleur pourpre, rouge foncé. La personne, visiblement furieuse, devient rouge de colère. • **darder** : frapper avec un dard. Ici, le verbe est employé dans un sens figuré : les yeux lancent des éclairs de haine. • **inextinguible** : que l'on ne peut éteindre. Il s'agit d'une haine profonde, que rien ne peut apaiser. • **exsangue** : privé de sang. Le visage du personnage est sans couleur, livide comme si le sang n'y circulait plus.

Fiche 20 À ton tour !

1. Lexique de la certitude : sûr(e), certain, certainement, sans doute, fermement, convaincu, conviction, assurance, affirmer, certifier, savoir.
2. Écoute, je suis **sûre** que tu dois passer cette audition. Tu feras **certainement** bonne impression : cela fait longtemps que tu joues de la guitare, tu **sais** ce que c'est que de jouer devant un public. Ton professeur au conservatoire t'a lui-même **certifié** que tu avais du talent. Il ne l'aurait pas **affirmé** s'il n'en avait pas la **conviction**. Je suis **fermement convaincue** que tu sauras t'imposer : joue avec **assurance**, fais-toi plaisir et pense que c'est **sans doute** l'unique chance que tu auras de réaliser ton rêve.

→ *L'impératif, le futur simple et la forme exclamative contribuent à exprimer la certitude.*

Fiche 21 À ton tour !

Termes évaluatifs : énorme – grand – large – sauvage – en broussaille – couvercle de poubelle – bébés dauphins – immense – musculeux. • **Termes comparatifs** : deux fois plus grand – cinq fois plus large.

Fiche 22 À ton tour !

a. Les « cloches » (comparé) sont assimilées à des « esprits errants » (comparant) à l'aide de l'outil de comparaison « ainsi que ».
b. Les verbes « sautent » et « lancent » ainsi que leurs compléments respectifs « avec furie » et « un affreux hurlement » permettent de personnifier les cloches et les font apparaître folles, furieuses, effrayées et effrayantes.

Fiche 23 Quiz express

1. Comprendre un mot inconnu

Pour comprendre un mot inconnu, on peut penser à un mot de la même **famille**. On peut également identifier les éléments qui le composent : le **radical**, noyau du mot, le **préfixe**, placé avant, et le **suffixe**, placé après. On peut aussi se fier au **contexte**, c'est-à-dire la phrase ou le texte dans lesquels le mot est employé.

2. Connaître le sens des préfixes et des suffixes

1. Réponse b • **2.** Réponse b • **3.** Réponse a • **4.** Réponse b • **5.** Réponse c • **6.** Réponse a • **7.** Réponse b.

3. Savoir décomposer un mot

1. dés-organ-is-ation • **2.** dé-croiss-ance • **3.** sur-consomm-ation • **4.** in-oubli-able • **5.** in-compréhens-ible • **6.** in-discut-able-ment.

4. Identifier un champ lexical

Le champ lexical dominant est celui des **arbres** : *sycomore, laurier, olivier, myrte, saules.*

5. Reconstituer une famille de mots

L'épicier était un **vieil** homme **mauvais**, **hypocrite** et **malhonnête**. Il se montrait toujours **impoli** / **grossier** et servait tous ses clients **sans sourire**.

6. Savoir identifier une figure de style

1. C • **2.** M • **3.** P • **4.** M • **5.** C.

Fiche 24 Contrôle continu

1. Comprendre un mot d'après le contexte

1. implorant : **suppliant** (la jeune femme subit un choc, elle est « d'une pâleur extrême ») • **2.** cramoisies : **rouges** (le père s'étouffe) • **3.** émit : **fit entendre** (il s'agit de grognements) • **4.** incommodé : **gêné** • **5.** sollicitude : **bienveillance** (le maître d'hôtel veut aider).

2. Expliquer des mots d'après leur formation

1. **in-aud-ible** : que l'on ne peut entendre • **2.** **rigid-ifier** : rendre rigide • **3.** **dés-in-form-ation** : fait de ne pas donner d'informations ou d'en donner de fausses • **4.** **as-serv-isse-ment** : état de quelqu'un qui est contraint à servir autrui, à être esclave.

3. Analyser l'emploi d'un champ lexical

1. Champ lexical de la **lumière** : *soleil, brille, d'or, luire, lumière.* Champ lexical de l'**obscurité** : *ombres, sombres.* • **2.** La juxtaposition de ces deux champs lexicaux crée un contraste.

4. Utiliser des adjectifs évaluatifs pour décrire

1. émouvant, passionnant, magnifique, intéressant, captivant... • **2.** ennuyeux, long, soporifique, monotone, plat...

5. Analyser l'emploi de figures de style

1. **Comparaisons** : « comme sur l'incendie on voit fuir la fumée », « semblaient endormis et couchés ». • **Métaphore** « la lune enflammée » • **Personnifications** : des nuages (« couraient »), du vent (« effleurait de ses pieds »), les tours (« solitaires ») et les chênes (« penchés, sur leurs coudes »).

2. Les nuages, la fumée, le vent, les tours et les chênes sont personnifiés. La lune « enflammée » fait l'objet d'une métaphore qui assimile sa couleur rousse à celle du feu. Les nuages sont comparés à une fumée d'incendie. Ainsi, les figures de style employées créent l'image d'**une nature vivante et menaçante**, malgré son engourdissement nocturne.

Fiche 25 — À ton tour !

Au premier plan, devant la console, s'étend une forme étrange. Il faut regarder la toile à partir de son côté droit pour comprendre ce ~~qu'elle~~ que celle-ci [« elle » désigne la toile, et non la chose] représente. Il s'agit de la déformation d'un crâne, ~~par laquelle~~ par lequel [référent : « un crâne », masculin singulier] le peintre a voulu faire de son tableau une vanité. Il suggère ainsi que le luxe, l'art et la science ne sont que des illusions et rappelle à chaque spectateur ~~qu'ils sont mortels~~ qu'il est mortel [référent : « chaque spectateur », masculin singulier].

Fiche 26 — À ton tour !

1. Nous avons visité un musée qui expose des toiles de Paul Gauguin. • **2.** Nous avons aussi admiré des tableaux de Claude Monet, parmi lesquels figurait le célèbre *Impression soleil levant*. • **3.** Nous avons flâné sur les quais de la Seine, le long desquels sont installés des bouquinistes. • **4.** Chez un bouquiniste, j'ai trouvé une bande dessinée dont je t'avais déjà parlé et que je cherchais depuis longtemps.

Fiche 27 — À ton tour !

1. « Tous les hommes » : déterminant qui s'accorde au masculin pluriel avec « les hommes » ; « toutes les femmes » : déterminant qui s'accorde au féminin pluriel avec « les femmes ». • **2.** « Tout » : pronom invariable qui équivaut à « chaque chose ». • **3.** « Toute » : déterminant qui s'accorde au féminin singulier avec « chose ».

Fiche 28 — Quiz express

1. Pronom ou déterminant ?

1. déterminant • **2.** déterminant • **3.** pronom • **4.** pronom • **5.** déterminant.

2. Repérer les pronoms et leur antécédent

1. Mes lunettes ? Je ne sais pas où je les ai posées. • **2.** Je connais une jeune fille qui ferait une baby-sitter formidable. • **3.** L'espoir donne du courage aux hommes mais beaucoup l'oublient. • **4.** Quelle cravate vas-tu mettre ? celle-ci ou celle-là ? • **5.** Si tu as besoin de conseils, pourquoi n'écoutes-tu pas les miens ?

3. Les expansions du nom

1. Je préfère les desserts aux fraises. • **2.** Je garde un merveilleux souvenir de ces vacances. • **3.** Les échecs sont un jeu de stratégie. • **4.** Ce film décrit une réalité sordide. • **5.** J'aime les longs métrages qui font réfléchir.

4. Remplacer une proposition subordonnée par un adjectif

1. un fait que l'on peut prévoir : prévisible • **2.** un discours qui donne envie de dormir : soporifique • **3.** un lieu que l'on ne peut décrire : indescriptible • **4.** un adversaire qu'on ne peut blesser : invulnérable • **5.** un poème qui comporte des vers : versifié.

5. Employer le bon pronom relatif

1. Il a des sautes d'humeur auxquelles nous sommes habitués. • **2.** Je ne connais pas le poète que tu cites. • **3.** C'est exactement ce dont nous avons discuté. • **4.** Elle a fait une belle série de photographies qui est exposée dans une galerie. • **5.** Les résultats que j'ai trouvés ne sont pas fiables.

6. *Tout, toute, tous* ou *toutes* ?

1. Tous les hommes naissent libres et égaux en droits. • **2.** Où est la crème glacée ? Quoi ? Tu l'as toute mangée ? • **3.** Tous / Toutes ont approuvé ma proposition. • **4.** Trouvons des places dans les tout premiers rangs. • **5.** J'aime les pièces de William Shakespeare mais je ne les ai pas toutes lues.

Fiche 29

Contrôle continu

1. Identifier des expansions du nom

[Alfiera] venait d'arriver de leur domaine familial de Sicile où elle avait été élevée et qu'elle quittait pour la première fois, et chaperonnée par sa mère, avait en quelques semaines jeté l'émoi dans une société pourtant singulièrement blasée. [...] Sous une chevelure noire qui paraissait prêter à la lumière son éclat plutôt que le recevoir, le front, les yeux, les lèvres étaient dans leur harmonie comme un défi de la vie à l'art, et le nez, dont la finesse n'excluait cependant pas le caractère ni la fermeté, donnait au visage une touche de légèreté qui le sauvait de cette froideur qui va presque toujours avec la recherche trop délibérée d'une perfection que seule la nature, dans ses grands moments d'inspiration ou dans les mystérieux jeux du hasard, parvient à atteindre [...].

2. Enrichir une description

J'aime particulièrement cette petite place qui se trouve au milieu du village de mes grands-parents. Elle est bordée d'immenses platanes, sous lesquels quelques vieux bancs accueillent les passants. En son centre, trône une antique fontaine en pierre où coule une eau fraîche et limpide que l'on peut boire et qui rafraîchit lorsqu'il fait chaud. Cet endroit, à la fois calme et animé, évoque pour moi les vacances d'été chez mes grands-parents et l'ambiance des fêtes de village où je retrouvais chaque année mes amis.

→ *Vérifie que tu as correctement effectué les accords au sein des GN étendus (si ce n'est pas le cas, reporte-toi à la fiche 53).*

3. Utiliser des pronoms

Salomé adore aller à la piscine car elle aime le sport et l'eau. Elle y va tous les dimanche matins et y retrouve sa meilleure amie, Erika, qui adore nager aussi. Lorsque les deux amies ont fait quelques longueurs, elles font une pause et en profitent pour bavarder.

4. Utiliser le bon pronom relatif

1. J'ai écouté toutes les chansons de cet album, parmi lesquelles je n'en ai aimé que deux. • **2.** L'enquêteur a relevé des empreintes dont il ignore si ce sont celles d'un homme ou celles d'une femme. • **3.** Je ne connais pas ce recueil de poèmes d'Aragon, sur lequel tu as fait un bel exposé. • **4.** Le guide a fait allusion à une légende de trésor enfoui, que nous ne connaissions pas.

Fiche 30

À ton tour !

Les Palliens avaient envoyé un message par satellite indétectable à leurs alliés de Miloé, afin de les supplier de leur faire parvenir des munitions et des renforts. Mais, apparemment, celui-ci avait dû être intercepté par les Sutriens, puisqu'ils n'avaient pas encore reçu l'aide tant attendue. L'heure était grave : les assauts devenaient plus violents ; les Palliens ne pourraient plus tenir très longtemps. Puis, enfin, le général en chef des armées palliennes reçut une réponse : il y avait eu du retard, mais les renforts arrivaient.

Fiche 31 — À ton tour !

a. Les reprises nominales qui désignent Lucien de Rubempré sont : « un homme de l'Houmeau », « le fils d'un pharmacien » et « son poète ».
b. Ces reprises nous renseignent sur les origines sociales de Lucien : il est issu de la petite bourgeoisie, vit à l'Houmeau (quartier populaire d'Angoulême) et son père est pharmacien. On apprend également qu'il écrit de la poésie et le déterminant possessif « son » montre l'affection que lui porte Naïs et les espoirs qu'elle place en son talent.

Fiche 32 — À ton tour !

Vous ignorez, **vous**, ce que c'est que d'être seul contre tous, **sans pouvoir** se défendre, **sans pouvoir** répondre aux insultes et aux moqueries incessantes. Mais sachez que **ce sont** les faibles et les lâches **qui** se déchaînent à plusieurs contre un seul. **Moi**, je suis au-dessus de tout cela. Un jour vous **les** regretterez, **vos injures**, mais il sera trop tard.

Fiche 33 — Quiz express

1. Qu'est-ce que le type d'une phrase ?

1. pose une question • **2.** exprime un sentiment • **3.** expose un fait, une opinion • **4.** donne un conseil ou un ordre.

2. Distinguer les types de phrase

1. interrogative • **2.** injonctive • **3.** déclarative • **4.** déclarative • **5.** injonctive et exclamative.

3. Analyser la structure d'une phrase simple

1. Je [prends] mon temps. • **2.** Le facteur [a]-t-il [oublié] d'apporter le colis ? • **3.** Nous vous [avons appelés] plusieurs fois. • **4.** Elle [souhaite] s'en aller.

4. Identifier des reprises nominales

Comme l'étranger, au son du phonographe, proposait à **Vinca** de lui apprendre le *balancello*, Philippe se glissa dehors [...]. Une Vinca nouvelle, pleine d'insolence voluptueuse, persistait sous ses paupières fermées, Vinca coquette, bien armée, accrue tout à coup d'une chair ronde, Vinca méchante et rebelle à souhait...

– Phil ! mon Phil ! Je te cherchais... Qu'est-ce que tu as ?

La séductrice, haletante, était auprès de lui.

5. Les procédés d'insistance

« Tu sais, Lou, si ça ne se passe pas bien, si No ne respecte pas notre vie à nous, si maman et moi on se dit que ce n'est pas bien pour toi, que ça te met en danger, elle ne pourra pas rester. C'est ce que je lui ai dit. »

→ ***La répétition des pronoms démonstratifs ça et ce – également mis en valeur par la tournure présentative c'est...que – insiste, sans la nommer explicitement, sur l'influence néfaste que pourrait avoir No sur Lou.***

Fiche 34 Contrôle continu

1. Construire une phrase simple

1. Marwan écrit une lettre. **2.** Marwan écrit une lettre à ses parents. **3.** Marwan écrit une lettre à ses parents dans sa chambre. **4.** En ce moment, Marwan écrit une lettre à ses parents dans sa chambre.

2. Construire une phrase interrogative

1. As-tu raté ton bus ? • **2.** Les élèves de troisième font-ils un stage ? • **3.** Le jardin a-t-il été arrosé ? • **4.** Ce guide de voyage est-il illustré de belles photographies ? • **5.** Avez-vous corrigé vos textes ?

3. Désigner un personnage de manière variée

Antigone est : la fille d'Œdipe – la sœur d'Étéocle et de Polynice – la nièce de Créon – la fiancée d'Hémon – l'intrépide jeune fille – l'inflexible princesse – cette courageuse jeune femme – ce symbole de résistance et de liberté…

4. Employer des reprises nominales et pronominales

Celui-ci – ce pauvre homme – Ce bourgeois – Il.

5. Utiliser des procédés d'insistance

C'est l'homme qui est responsable de la pollution de notre planète. N'est-ce pas lui qui utilise des industries polluantes ? N'est-ce pas lui qui coupe des milliers d'arbres ? N'est-ce pas lui qui souille les océans ? Tout ce qui compte pour l'homme, c'est d'exploiter la nature et ses ressources.

Fiche 35 À ton tour !

Le père de Lou lui demanda pourquoi elles étaient toujours chez Lucas, pourquoi elle n'invitait jamais ses amis chez eux, pourquoi elle ne voulait pas qu'il montât (monte) la chercher, pourquoi elle les faisait attendre vingt minutes alors qu'il l'avait appelée pour la prévenir qu'ils partaient.

Fiche 36 À ton tour !

1. Les quatre cc de temps sont : « Lorsque je l'aidais » ; « à l'époque où il fallait planter les pommes de terre ou les arracher avec une binette et un lourd panier en fil de fer que je traînais derrière moi » ; « au début » ; « à la fin ».

2. Les deux premiers précisent l'époque de l'année à laquelle le narrateur accompagnait son père aux champs ; le premier, « lorsque je l'aidais », nous montre également à quel point le narrateur enfant voulait partager ce moment avec son père, en travaillant avec lui. Les deux suivants , « au début » et « à la fin », soulignent l'évolution de l'état d'esprit du père que son fils harcèle de questions alors qu'il préfère travailler en silence.

Fiche 37 À ton tour !

Les éléments du paragraphe sont à remettre dans cet ordre : 3 – 1 – 2 – 5 – 4.
Les parents doivent faire preuve d'autorité envers leurs enfants. En effet, un enfant n'a pas toujours conscience de mal agir, de sorte que c'est le rôle des parents de l'éduquer à distinguer ce qui est bon ou mauvais pour lui. De fait, certaines situations ne paraissent pas dangereuses à un enfant : ainsi, ses parents doivent le protéger de ce qui pourrait lui nuire.

Fiche 38 — À ton tour !

1. Quoi que tu fasses, nous t'apporterons toujours notre soutien. • **2.** Nous nous inquiétons pour toi, quoique nous te sachions raisonnable. • **3.** Quoique ton projet semble mûrement réfléchi, nous avons encore quelques questions. • **4.** Sache que si tu as besoin de quoi que ce soit, nous sommes là pour toi. • **5.** Quoi qu'il en soit, nous sommes fiers de te voir aussi enthousiaste et déterminé.

Fiche 39 — À ton tour !

a. 1. *tais* : présent de l'indicatif ; *ai* : présent de l'indicatif. 2. *était* : imparfait de l'indicatif ; *mettrais* : conditionnel présent.

b. Dans la phrase 1, Créon emploie le présent de l'indicatif car il s'agit d'une hypothèse envisagée comme probable : Antigone peut encore être sauvée. Dans la phrase 2, la proposition principale est au conditionnel présent car il s'agit d'une hypothèse envisagée comme possible : Créon demande à Antigone de s'imaginer en train d'assister à l'enterrement d'un proche (il espère ainsi la convaincre qu'un enterrement « dans les règles » est dérisoire).

Fiche 40 — Quiz express

1. Les subordonnées complétives

1. Nous ne savons pas ce qui lui a pris. • **2.** Je lui ai demandé s'il avait aimé ce roman. • **3.** Mon oncle m'a promis qu'il me prendrait en stage dans son entreprise. • **4.** Elle veut que tu l'accompagnes chez le médecin. • **5.** Lise veut savoir comment ce film se termine.

2. Reconnaître les marques du discours direct

Souleymane hésitait :

« Oh là là… qu'est-ce que je vais bien pouvoir choisir comme stage ?

– Tu n'as aucune idée ? lui demanda Jeanne.

– Si, au contraire, répondit Souleymane. J'hésite entre un cabinet de vétérinaire, un centre de kinésithérapie et une boutique d'articles de sport.

– Eh bien, c'est vraiment varié ! Tu n'as pas de préférence ?

– En fait, si. Même si j'adore le sport, c'est le métier de vétérinaire qui m'intéresse le plus, donc bon, c'est sans doute le meilleur choix. »

3. Exprimer la cause

Les phrases **1** et **3** contiennent une subordonnées de cause (les phrases **2** et **4**, une subordonnée de conséquence.

4. *Quoi que* ou *quoique* ?

1. Quoi qu'il advienne, je ne t'abandonnerai pas. • **2.** Quoique j'aie manqué le début du film, j'en ai tout de même compris l'intrigue. • **3.** Le professeur souhaite emmener ses élèves à Berlin, quoiqu'il ne sache pas encore s'il le pourra. • **4.** Quoi que tu désires accomplir, mets-y toute ton énergie !

5. Utiliser le temps et le mode qui conviennent après *si*

1. Nous irons à Étretat s'il ne pleut pas ce week-end. • **2.** Je réussirais mes examens si tu révisais avec moi. • **3.** Si j'avais su que tu venais dîner, j'aurais préparé ton dessert préféré. • **4.** Élisabeth t'accompagnerait à la patinoire si elle n'avait pas tant de retard dans ses devoirs.

Fiche 41

Contrôle continu

1. Transposer au style indirect

Sophie déclara qu'elle/il pouvait se confier à elle, qu'elle lui promettait qu'elle ne révèlerait son secret à personne. Elle lui demanda ce qu'elle/il craignait et assura qu'elle n'allait ni répéter ce qu'elle/il lui dirait ni la/le juger. Elle la/le pria de se confier à elle. Elle conclut en lui disant qu'elles/qu'ils étaient amis et de ne pas l'oublier.

2. Conjuguer les verbes dans les subordonnées de temps

Une fois que tous les bagages eurent été faits, la tribu se mit en marche à travers le désert. Hommes, femmes, enfants, tous étaient épuisés. **Après qu'ils eurent marché plus de dix jours**, ils arrivèrent près d'une oasis. Là, un berger leur dit qu'ils trouveraient un village. **Lorsqu'ils y parvinrent enfin**, ils comprirent que le village avait été pillé et abandonné. **Pendant les semaines qui suivirent**, l'installation se fit naturellement. Le village devint peu à peu le leur.

3. Exprimer la cause et la conséquence

1. Ce roman m'a captivée si bien que je l'ai lu en deux jours. • **2.** Cet athlète s'est toujours entraîné avec tant d'acharnement qu'il a remporté de nombreuses médailles. • **3.** Nous n'avions pas réservé nos vols assez tôt de sorte que nous n'avons pas pu partir en Grèce. • **4.** Tu n'as pas tout noté, c'est pourquoi tu peux m'emprunter mon classeur.

4. Exprimer la condition

1. Si nous avions su que ce monument était ouvert au public, nous l'aurions visité. • **2.** Si tu avais plus de temps libre, tu pourrais faire du sport. • **3.** Max m'aurait accompagné s'il n'avait pas eu de match à disputer. • **4.** Si Suzanne n'a pas cours le samedi, elle pourra s'inscrire au tennis.

Fiche 42

À ton tour !

as • j'ai réfléchi • j'ai trouvé • devrait • adorent • pense • fera • veux • prenne • occupes • aimerais • charges • aurai • remercie.

Fiche 43

À ton tour !

Je me **souviens** [présent d'énonciation qui renvoie au moment de l'écriture] encore de mon premier jour d'école. C'**est** drôle comme ce souvenir lointain **est** encore présent à mon esprit. En fait, je **crois** que c'est parce que ce fut le premier jour que je passai loin de ma mère. Il faisait beau en ce jour du début du mois de septembre. Ma mère, pour me préparer à la rentrée, m'avait déjà montré ma future école, une jolie petite école maternelle qui me sembla gigantesque : tout nous **paraît** immense quand on **est** tout petit [présents de vérité générale]. Le matin du grand jour, tenant fermement la main de ma mère, je sentis une excitation qui palpitait dans mon ventre. Mais à mesure que nous **progressons** [présent de narration qui rend l'action plus vivante, comme si le narrateur la revivait] sur le chemin de l'école, ce sentiment **se transforme** en une inquiétude croissante. Alors que nous **franchissons** le portail, je **serre** sa main de plus en plus fort. Je **regarde** les autres enfants dont certains **sont** déjà en larmes. Je **fais** de gros efforts mais, devant la porte de ce qui sera ma classe, je **fonds** en larmes…

Fiche 44 À ton tour !

rencontra • se disputa • tua • venait • était • sut • terrorisait • débarrassa • offrit • avait été tué • se réalisait • épousait.

Fiche 45 À ton tour !

Elles se souviennent que lorsqu'elles étaient petites, elles se sont réfugiées une nuit dans la cabane de leur jardin. Après que le premier astre se fut montré, elles se sont levées et se sont glissées à pas de loup jusqu'à la porte d'entrée. Leurs parents s'étaient couchés tard : ils ne les entendraient pas. Elles se sont munies d'une lampe-torche et se sont hissées prudemment jusque dans la cabane. Elles se sont constitué un petit nid de coussins et se sont enroulées dans une couverture pour regarder le ciel étoilé.

Fiche 46 Quiz express

1. Identifier les temps du dialogue

Tu sais, Pépite, tout le monde a ses secrets. Et certains doivent rester au fond, là où on les a planqués. Moi, mon secret, je peux te le dire, c'est que quand tu seras grande je t'emmènerai quelque part où la musique est si belle qu'on danse dans la rue.

2. Conjuguer au présent, au futur et au passé composé

as-tu eu – ai demandé – voulais – organise – veux-tu – dois – as invité – sera.

3. Distinguer les valeurs du présent de l'indicatif

1. E **2.** V. **3.** N. **4.** E **5.** V.

4. Utiliser les temps du récit

Je remontai dans ma chambre, avec la légèreté d'un chat, et je fis mon plan. D'abord, il fallait garder les yeux ouverts. Si je m'endormais, j'étais perdu. Jamais de ma vie je n'avais pu me réveiller à quatre heures du matin. Donc, ne pas dormir.

5. *Ce* ou *se* ?

1. Il met toujours un temps fou à se préparer. • **2.** Ce n'est vraiment pas une bonne idée. • **3.** Ils ne sont pas encore arrivés. Se seraient-ils perdus ? • **4.** J'aime particulièrement ce moment de la journée. • **5.** Apprendre à faire du surf, c'est ce dont j'ai toujours rêvé !

Fiche 47 Contrôle continu

1. Manipuler les temps du dialogue

« Que fais-tu là ? Je croyais que tu devais aller au cinéma avec ton amie ?
– Oui, mais j'ai changé d'avis. Je n'ai plus envie d'y aller.
– Vous vous êtes disputées ?
– Pas vraiment, mais nous n'avons pas réussi à nous mettre d'accord sur le film. Elle s'est mise à critiquer mes goûts, ce qui m'a énervée.
– C'est dommage. Mais vous vous réconcilierez sans doute si tu en discutes avec elle.

2. Connaître les valeurs du présent

1. Je ne mens pas – je t'assure • **2.** elle s'adresse – je fais • **3.** plus on leur résiste, plus elles insistent.

3. Manipuler les temps du récit au passé

Paul dit à William de l'écouter et qu'il ne mentait pas, il l'assurait. Il dit qu'elle l'avait attendu à l'arrêt de bus, qu'elle s'était adressée à lui et avait commencé à se plaindre du fait qu'il l'ignorait. Il ajouta qu'il avait fait celui qui ne savait rien, que William connaissait les filles : plus on leur résistait, plus elles insistaient. Il lui rapporta qu'elle lui avait dit qu'ils avaient passé une superbe après-midi et qu'elle ne comprenait pas pourquoi il ne l'avait pas appelée.

4. Comprendre l'emploi des temps dans un récit

1. visitai : passé simple, action de premier plan • **2.** venions : imparfait, action de second plan • **3.** avaient prescrit : plus-que-parfait, action antérieure à l'action principale • **4.** décidâmes : passé simple, action de premier plan • **5.** tiens : présent d'énonciation (récit rétrospectif d'un narrateur-personnage) • **6.** prenions : imparfait, action de second plan • **7.** peuvent : présent de vérité générale.

5. Conjuguer un verbe pronominal

1. je me suis couché(e) trop tard hier • **2.** Nous nous souviendrons toujours de cet instant. • **3.** S'ils s'étaient mis d'accord, ils se seraient décidés plus vite.

Fiche 48 — À ton tour !

1. D'abord, vérifie que tu as bien noté ton cours. Si ce n'est pas le cas, complète-le à l'aide du cahier d'un(e) camarade.
2. Relis une première fois la leçon pour t'assurer que tu la comprends : souligne les notions et les mots importants et cherche dans le dictionnaire la définition de ceux que tu n'as pas compris.
3. Apprends la leçon partie par partie : lis plusieurs fois chaque partie et récite-la à voix haute ou retranscris-la au brouillon.
4. Assure-toi que tu as bien mémorisé les dates et les définitions.

Fiche 49 — À ton tour !

Mes parents vont enfin m'emmener à Londres. Ils m'ont promis que nous dormirions dans un hôtel superbe et très bien situé, que nous visiterions le British Museum, qu'ils m'emmèneraient faire un tour sur la Tamise. Ils ont aussi prévu que nous irions nous promener à Covent Garden, à Portobello, et que, si nous en avions le temps, nous assisterions à une pièce de théâtre. Mais surtout, ils ont dit que je pourrais visiter les studios où ont été tournés les *Harry Potter* et qu'ils m'offriraient le souvenir de mon choix.

Fiche 50 — À ton tour !

« qui **soient** respectables » : subjonctif employé dans une proposition relative exprimant un désir. • « dont les raisons **soient** pures » : subjonctif employé dans une proposition relative se trouvant après « ne... que ». • « que tu **restes** avec nous » : subjonctif employé dans une complétive après un verbe exprimant le souhait (« je désire »).

Fiche 51 — Quiz express

1. Distinguer les modes personnels

1. S • **2.** I • **3.** Imp • **4.** C • **5.** I / S • **6.** S • **7.** I • **8.** C • **9.** S • **10.** Imp • **11.** I • **12.** I / Imp

2. Conjuguer à l'impératif

1. Fais fondre le beurre et le chocolat au bain-marie. • **2.** Bats les œufs et le sucre jusqu'à ce que le mélange blanchisse.

CORRIGÉS des quiz et des exercices

• **3.** Mélange les deux préparations et ajoutes-y un demi-sachet de levure. • **4.** Verse la pâte dans un moule préalablement beurré. • **5.** Mets au four pendant vingt-cinq minutes à 180°.

3. Cocher les modes impersonnels

1. gérondif • **3.** infinitif

4. Utiliser le conditionnel

1. conditionnel présent • **2.** conditionnel passé • **3.** conditionnel présent • **4.** conditionnel passé

5. Connaître les emplois du subjonctif

1. crainte • **2.** doute • **3.** défense • **4.** souhait • **5.** ordre

6. Utiliser le temps et le mode qui conviennent

1. J'irai au cinéma avec toi quand j'aurai terminé mon devoir d'histoire. • **2.** Nous avons nettoyé la chambre après qu'ils sont partis. • **3.** Bien que nous soyons enthousiastes, nous avons quelques appréhensions. • **4.** Il a promis qu'il viendrait avec nous à la patinoire.

Fiche 52 Contrôle continu

1. Choisir le mode qui convient

1. Je ne crois pas qu'il faille abandonner. • **2.** Malgré l'Occupation qui s'étend sur une grande partie de la France, les résistants ne perdent pas espoir. • **3.** Le poète est convaincu que ses lecteurs réfléchissent au message qu'il leur transmet. • **4.** Le poète écrit dans l'urgence, avant qu'il soit trop tard. • **5.** S'ils veulent progresser, qu'ils fassent plus d'efforts.

2. Analyser l'emploi des modes

1. Le poète était pacifiste, en harmonie avec le monde et la nature (« haïssait, ne battait ») : désormais, il appelle au combat, à la résistance (« se bat, se gonfle, envoie, mène, entends, revient »). • **2.** « sifflent » et « répande » sont au subjonctif présent. Ils évoquent le « bruit » que fait le cœur révolté du poète dont les battements doivent se propager pour appeler à résister. • **3.** Le verbe à l'impératif, « écoutez », s'adresse aux lecteurs du poème, aux Français.

3. Transposer des paroles au discours indirect

Le général de Gaulle déclara qu'il invitait les officiers et les soldats français qui se trouvaient en territoire britannique ou qui viendraient à s'y trouver [...] à se mettre en rapport avec lui, que, quoi qu'il arrive/arrivât, la flamme de la résistance française ne devait pas s'éteindre et ne s'éteindrait pas, et que le lendemain, comme il le faisait aujourd'hui, il parlerait à la Radio de Londres.

4. Conjuguer un verbe au subjonctif

1. Il faut que les gouvernements du monde entier prennent enfin conscience de l'urgence de la situation. • **2.** Il est grand temps que nous agissions et prenions des mesures concrètes. À moins que l'homme ne change ses habitudes, la planète est menacée. • **3.** Nous devons craindre que les ressources naturelles s'épuisent.

Fiche 53 À ton tour !

« Nos jeux furent d'abord la chasse aux cigales, qui suçaient en chantant la sève des amandiers. Les premières nous échappèrent, mais nous fûmes bientôt d'une adresse si efficace que nous revenions à la maison entourés d'un halo de musique, car nous en rapportions des douzaines qui continuaient à grésiller dans nos poches tressautantes.

Fiche 54 À ton tour !

suis arrivée • chercher • sommes allés • visiter • m'a expliqué • allaient • m'être confiées • m'a présentée • m'ont invitée • déjeuner.

Fiche 55 À ton tour !

Lucas ne comprenait pas toujours Lola à cause de son humeur changeante [adj. verbal]. Ils passaient de bons moments ensemble, tantôt discutant [part. présent] de tas de sujets passionnants [adj. verbal], tantôt plaisantant [part. présent]. Mais, parfois, Lola devenait silencieuse et refusait de lui parler, provoquant [part. présent] chez Lucas d'angoissantes [adj. verbal] interrogations.

Fiche 56 À ton tour !

Le potier place d'abord soigneusement l'argile sur son tour. Il laisse ses mains glisser sur la matière pour définir grossièrement la forme de l'objet. Petit à petit, l'objet tourne plus rapidement et sa forme se précise. Maintenant, les doigts de l'artisan réalisent délicatement les détails de la poterie. Enfin, le potier la retire prudemment du tour et la place à l'abri pour qu'elle sèche bien.

Fiche 57 Quiz express

1. Faire les accords au sein du GN

1. Jean mange une tarte aux pommes de Normandie succulente. • **2.** Ce chercheur a réalisé de brillants travaux de physique. • **3.** Vois-tu ces grands oiseaux de proie noirs dans le ciel ?

2. Accorder un verbe avec son sujet

1. C'est au crépuscule que chantent les oiseaux. • **2.** Tout le monde a été enthousiasmé par mon projet. • **3.** Les dernières fouilles de cet archéologue ont eu un retentissement mondial. • **4.** Toutes les possibilités de ce logiciel vous laisseront rêveurs.

3. Accorder un attribut du sujet

1. très fatiguée • **2.** trop courtes • **3.** les gagnants du championnat • **4.** des occasions de lire • **5.** irréfutables.

4. Accorder ou non un participe passé

1. J'ai aimé cette pièce de théâtre. Et toi, l'as-tu appréciée ? • **2.** Nous nous sommes pressés et avons oublié nos affaires. • **3.** J'ignore quelle route ils ont prise. • **4.** Elles se sont souvenu qu'elles étaient déjà venues.

5. Accorder ou non une forme en *-ant*

1. Les eaux dormantes recèlent une faune étonnante. • **2.** Les voyant arriver, ils sont allés à leur rencontre. • **3.** Nous nous endormons souvent en lisant. • **4.** Mado achèvera le puzzle en assemblant les pièces manquantes.

6. Identifier un adverbe

1. Je lui parlerai demain et il entendra peut-être raison. • **2.** Il a tout de suite pris ma défense et m'a courageusement soutenue. • **3.** Les enfants joueront dehors tout à l'heure. • **4.** Le héros du roman évolue incognito, subtilement déguisé.

Fiche 58 Contrôle continu

1. Réécrire un texte avec un sujet pluriel

Mes frères sont plus jeunes que moi mais ils aiment que je joue avec eux. Ils ont toujours été drôles, espiègles ; ils me posent toujours plein de questions tant ils sont curieux de tout. Un jour qu'ils s'amusaient dans le jardin, ils se sont blessés en essayant de fabriquer un arc. Ils accoururent vers moi en tenant leur pouce ensanglanté et me dirent en souriant : « Regarde, nous nous sommes fait une blessure de guerre ! »

2. Réécrire un texte en changeant le temps

L'orage a éclaté un peu avant minuit. Le grondement du tonnerre s'est enflé d'un coup et des éclairs ont jailli et craqué violemment : les fenêtres en ont tremblé et toute la maisonnée s'est réveillée en sursaut. Je me suis enfoncée dans mon lit et ai guetté, fascinée, le prochain éclair. Il n'a pas tardé et les nuages gris se sont déchirés lorsque l'immense zébrure les a traversés.

3. Accorder un participe passé

1. Non, je ne les ai pas oubliées • **2.** Oui, cette exposition lui a plu. • **3.** Je les aurai finis dans une demi-heure. • **4.** Non, elle ne les lui a pas encore prêtées.

4. Accorder ou non une forme en *-ant*

dormantes • révisant • changeants • tremblants.

5. Orthographier les adverbes en *-ment*

délicatement • finement • seulement • légèrement • gravement

INDEX-LEXIQUE

MÉMO grammatical

Les classes grammaticales

▶ Les mots variables

Classe grammaticale	Exemples	Définition
nom	Julie, fille, amitié	Un nom **désigne** un être, une chose ou une idée. *Julie* est un nom propre, *fille* est un nom commun.
déterminant	un, le, cette, ses	Un déterminant **introduit un nom.** Il forme avec lui un groupe nominal (minimal).
adjectif qualificatif	beau, égale, puissants	Un adjectif qualificatif apporte des **précisions sur le nom** qu'il qualifie.
pronom	il, lui, celle, les siens	En général, un pronom **remplace un nom** ou un groupe nominal.
verbe	aimer, partait, serons	Un verbe exprime une action ou un état. Il **se conjugue**, c'est-à-dire qu'il prend une forme différente selon le temps évoqué, le nombre et la personne du sujet.

▶ Les mots invariables

Classe grammaticale	Exemples	Définition
adverbe	ici, hier, clairement	Un adverbe peut **s'ajouter** à un verbe, ou à un adjectif, un autre adverbe, une proposition.
préposition	à, dans, à côté de	Une préposition **sert de lien** entre un mot et son complément.
conjonction	mais, ou, et, car, que, quand	Une conjonction **relie deux propositions** : – de même nature (conj. de coordination) ; – principale et subordonnée (conj. de subordination).

Les principales fonctions

▶ À l'échelle d'une proposition

Fonction	Exemple	Définition
sujet	Julie aime Théo.	Le sujet répond à la question ***Qui est-ce qui ? / Qu'est-ce qui ?*** suivie du verbe.
complément d'agent	Théo est aimé de Julie.	Le sujet devient complément d'agent lors de la transformation d'une phrase active en **phrase passive.**
attribut du sujet	Julie est étudiante.	L'attribut du sujet exprime une **caractéristique du sujet** ; il s'y rapporte par l'intermédiaire d'un verbe d'état.
COD	Julie aime le cinéma.	Le COD **complète** le verbe, **directement** (sans préposition).
COI	Théo s'initie à la calligraphie.	Le COI **complète** le verbe, **indirectement** (avec une préposition).
COS	Théo envoie un message à Julie.	Le COS complète un verbe qui a déjà un complément d'objet.
complément circonstanciel	Théo et Julie se voient avec plaisir.	Un complément circonstanciel exprime une **circonstance** (temps, lieu, manière…) de l'action.

▶ À l'échelle d'un groupe nominal

Fonction	Exemple	Définition
épithète	une étudiante sympathique	Une épithète se rapporte **directement** à un nom.
complément du nom	une étudiante en biologie	Un complément du nom complète un nom à l'aide d'une **préposition.**
apposition	Passionnée de cinéma, Julie possède 100 DVD.	Une apposition se rapporte à un GN, dont elle est séparée par une **virgule** (construction détachée).

Crédits iconographiques

Intérieur

12	ph © Pascal Victor / ArtComArt
18	*The Great Dictator* © Roy Export SAS
36	© Roy Export Company Establishment. Scan Courtesy Cineteca di Bologna
58	ph © Josse / Leemage
125	ph © BALTEL/SIPA
126	© Adagp, Paris 2016 - ph © Josse / Leemage
128 h	ph © François Guillot / AFP
128 b	ph © Selva / Leemage
130	© Adagp, Paris 2016 - ph © Gérard Blot / RMN-Grand Palais (musée Fernand Léger)
131	© Éditions Gallimard
132	© Éditions Gallimard
133	© United Artists / The Kobal Collection / Aurimages
134	*The Great Dictator* © Roy Export SAS
136	© Plantu

Rabats

I	*The Great Dictator* © Roy Export SAS
II hg	© Roy Export Company Establishment. Scan Courtesy Cineteca di Bologna
II bg	Des archives de Roy Export Company Establishment
II bd	© MK2 Diffusion
III bg	© United Artists / The Kobal Collection / Aurimages
III hd	© Roy Export Company Establishment. Scan Courtesy Cineteca di Bologna
III bd	*Modern Times* © Roy Export SAS

PAPIER À BASE DE
FIBRES CERTIFIÉES

Hatier s'engage pour
l'environnement en réduisant
l'empreinte carbone de ses livres.
Celle de cet exemplaire est de :
800 g éq. CO_2
Rendez-vous sur
www.hatier-durable.fr

Achevé d'imprimer en France par Loire Offset Titoulet à Saint-Etienne
Dépôt légal n° 99783-9/01 - Juillet 2016